O MUNDO EM DESAJUSTE

Amin Maalouf

O MUNDO EM DESAJUSTE

Quando nossas civilizações se esgotam

Tradução
Jorge Bastos

Copyright © Éditions Grasset & Fasquelle, 2009

Título original: *Le dérèglement du monde*

Capa: Rafael Nobre
Foto de capa: Chris Stein/GETTY Images

Editoração: DFL

Texto revisado segundo o novo
Acordo Ortográfico da Língua Portuguesa

2011
Impresso no Brasil
Printed in Brazil

Cip-Brasil. Catalogação na fonte
Sindicato Nacional dos Editores de Livros, RJ

M11m	Maalouf, Amin
	    O mundo em desajuste: quando nossas civilizações se
	esgotam/Amin Maalouf; tradução Jorge Bastos. – Rio de
	Janeiro: DIFEL, 2011.
	    304p.: 21cm
	
	    Tradução de: Le dérèglement du monde
	    ISBN 978-85-7432-114-1
	
	    1. Globalização. 2. Desregulamentação. 3. Civilização
	moderna – Séc. XXI. I. Título.

11-1611	CDD – 303.482 CDU – 316.42

Todos os direitos reservados pela:
DIFEL – selo editorial da
EDITORA BERTRAND BRASIL LTDA.
Rua Argentina, 171 – 2º andar – São Cristóvão
20921-380 – Rio de Janeiro – RJ
Tel.: (0xx21) 2585-2070 – Fax: (0xx21) 2585-2087

Não é permitida a reprodução total ou parcial desta obra,
por quaisquer meios, sem a prévia autorização por escrito da
Editora.

Atendimento e venda direta ao leitor:
mdireto@record.com.br ou (21) 2585-2002

SUMÁRIO

I. As vitórias enganadoras 15

II. As legitimidades perdidas......................... 97

III. As certezas imaginárias 191

Epílogo: Uma Pré-História longa demais 281

Para Marlène e Salim Nasr
E, in memoriam, *a Paolo Viola (1948-2005)*

*Man has survived hitherto
because he was too ignorant to know
how to realize his wishes.
Now that he can realize them,
he must either change them
or perish.*[1]

William Carlos Williams (1883-1963)

---

[1] O homem sobreviveu até o presente/ por ser ignorante o bastante/ e não poder realizar seus desejos./ Agora que pode a todos realizar,/ deve mudá-los/ ou morrer.

Entramos no novo século sem bússola.

Desde os primeiros meses, acontecimentos preocupantes nos levaram a crer que o mundo passa por um desajuste maior, e isso em várias áreas ao mesmo tempo — desajuste intelectual, desajuste financeiro, desajuste climático, desajuste geopolítico, desajuste étnico.

É bem verdade que assistimos também, de vez em quando, a reviravoltas saudáveis inesperadas e começamos a acreditar que os homens, ao se verem num impasse, vão necessariamente encontrar os meios certos para escapar, como por milagre. Mas rapidamente vêm novas turbulências, revelando motivações humanas muito diversas, mais obscuras, mais familiares, e voltamos a nos perguntar se nossa espécie, por assim dizer, não atingiu o limiar de sua incompetência moral, se continua a avançar ou se não deu início a um movimento de regressão que ameaça recolocar em questão aquilo que tantas e sucessivas gerações se esforçaram para construir.

Não nos referimos às angústias irracionais que acompanharam a passagem de um milênio a outro, nem às imprecações recorrentes, desde sempre lançadas pelos que temem as mudanças ou se assustam com o ritmo que elas vêm adquirindo. Minha preocupação é de outra ordem, é a de um partidário do Iluminismo, vendo-as oscilar e enfraquecer, estando em alguns países a ponto de se apagar. É a preocupação de um apaixonado pela liberdade, que a imaginava prestes a se estender sobre a totalidade do planeta e vê presentemente se esboçar um mundo em que ela nem tem mais o seu lugar. É a de um adepto da diversidade harmoniosa, sentindo-se obrigado a assistir, sem nada poder fazer, à expansão do fanatismo, da violência, da exclusão e do desespero. Antes de tudo, é simplesmente a preocupação de alguém que ama a vida e não quer se resignar ao aniquilamento que a ameaça.

Para evitar qualquer mal-entendido, insisto: não me incluo entre os que fazem cara feia aos tempos atuais. Fascinado pelo que nossa época traz, estou atento às novas invenções, que rapidamente introduzo em minha vida cotidiana; tenho consciência de pertencer, nem que seja pelos avanços da medicina e da informática, a uma geração privilegiada, em comparação àquelas que nos precederam. Mas não consigo, com toda tranquilidade, saborear os frutos da modernidade sem ter certeza de que as gerações futuras poderão fazer o mesmo.

O Mundo em Desajuste 13

Seriam excessivas as minhas preocupações? Infelizmente, creio que não. Pelo contrário, parecem justificar-se plenamente, e é o que vou me esforçar a demonstrar nas páginas que se seguem. Não para juntar novos dados a um dossiê, nem para defender, por vaidade, uma tese pessoal, mas simplesmente para que meu grito de alarme seja ouvido, sendo minha principal ambição a de encontrar as palavras certas, capazes de persuadir meus contemporâneos, meus "companheiros de viagem", de que o navio em que estamos embarcados está à deriva, desnorteado, sem rumo, sem visibilidade, sem bússola, num mar agitado, e que é preciso, com urgência, uma sacudida, para evitar o naufrágio. Não vai bastar seguir, de um jeito ou de outro, no mesmo ritmo, apenas navegando atentos, contornando alguns obstáculos, deixando passar o tempo. O tempo não é nosso aliado, é nosso juiz, e já entramos num período de liberdade condicional.

Como as metáforas marinhas afluíram espontaneamente, talvez eu deva explicar melhor meus receios, utilizando uma constatação simples e direta: na atual etapa de sua evolução, a humanidade se vê confrontada com novos perigos, sem equivalentes na História, que exigem soluções globais inéditas que, se não forem encontradas num futuro imediato, nada do que torna grande e bela nossa civilização poderá ser preservado. No entanto, até o presente, poucos indícios levam à esperança de que os homens vão conseguir superar suas divergências, elaborar soluções criativas e, depois, se unir e se mobilizar para sua execução. Aliás, muitos indícios nos fazem crer que o desajuste do mundo já se encontra num grau avançado e que é difícil impedir a regressão.

Nas páginas que se seguem, as diferentes perturbações não serão tratadas como dossiês independentes, nem de maneira sistemática. Minha maneira de trabalhar será mais parecida com a de um vigia noturno num jardim, no dia seguinte a uma tempestade e na iminência de outra, ainda mais violenta, que se prepara. Com uma lanterna, ele se aproxima a passos prudentes, aponta o foco de luz para um tufo de plantas, depois para outro, controla uma alameda, recua, examina mais de perto uma árvore antiga que foi arrancada e depois se dirige a um ponto mais elevado, apaga a lanterna e procura ter uma visão ampla do panorama inteiro.

Ele não é botânico, nem agrônomo, tampouco paisagista, e nada no jardim de fato lhe pertence. Mas é onde ele mora, com as pessoas de quem gosta, e tudo que possa afetar essa terra concerne a ele intimamente.

I

As vitórias enganadoras

1

Com a queda do Muro de Berlim, um vento de esperança varreu o mundo. O fim do confronto entre o Ocidente e a União Soviética acalmou a ameaça de um cataclismo nuclear que pairava sobre nossa cabeça há cerca de 40 anos e achamos que a democracia se estenderia de país em país, até cobrir a totalidade do planeta: as barreiras entre as diversas regiões do globo se abririam, e a circulação de pessoas, de mercadorias, de imagens e de ideias se desenvolveria sem obstáculos, inaugurando uma era de progresso e de prosperidade. Em cada uma dessas frentes, houve, de início, alguns avanços notáveis. Mas, quanto mais avançávamos, mais desnorteados nos sentíamos.

Um exemplo emblemático, nesse sentido, foi o da União Europeia, que viu como um triunfo a desintegração do bloco soviético. Das duas opções que se ofereciam aos povos do continente, uma se revelava obstruída, enquanto a outra plenamente desabrochava.

Os antigos países do Leste vieram todos bater à porta da União Europeia, e os que não foram logo recebidos ainda sonham com isso.

No entanto, no mesmo instante em que triunfava e com tantos povos vindo em sua direção, fascinados, deslumbrados, como se descobrissem o paraíso na Terra, a Europa perdia suas referências. A quem ela devia ainda atrair e com que finalidade? A quem excluir e por qual motivo? Mais do que no passado, ela, hoje, passou a se questionar sobre a própria identidade, suas fronteiras, suas instituições futuras, seu lugar no mundo, sem ter certeza alguma quanto às respostas.

Mesmo sabendo perfeitamente de onde vem e quais as tragédias que convenceram seus povos da necessidade de se unirem, a Europa não sabe mais exatamente qual direção tomar. Deve organizar um Estado federativo, comparável ao dos Estados Unidos da América, desenvolvendo um "patriotismo continental" que transcenda e absorva o das nações que a compõem e adotando um estatuto de potência mundial, não apenas econômica e diplomática, mas também política e militar? Estaria pronta a assumir esse papel, assim como as responsabilidades e os sacrifícios inerentes a isso? Ou deve contentar-se com a parceria moderada entre nações hipersensíveis no tocante às suas soberanias, mantendo-se, no plano global, uma força auxiliar?

Por todo o tempo em que o continente esteve dividido entre dois campos inimigos, esses dilemas não

As vitórias enganadoras 19

vinham à ordem do dia, mas, depois disso, passaram a se colocar de maneira persistente. É claro, não havemos de voltar à época das grandes guerras nem à da "cortina de ferro", mas é um erro achar que se trata apenas de uma disputa entre políticos ou entre especialistas em ciências políticas. É o destino mesmo do continente que está em jogo.

Voltarei mais detidamente a essa questão, a meu ver essencial e não somente para os povos da Europa. Procurei logo evocá-la a título de ilustração por me parecer sintomática desse estado de deriva, de desorientação e de desajuste, que afeta a humanidade em seu conjunto e a cada um de seus componentes.

Na verdade, deixando o olhar se estender pelas diversas regiões do globo, a Europa é a que menos me preocupa. A meu ver, melhor do que as demais, ela se dá conta da amplitude dos desafios que a humanidade deve enfrentar. Conta, além disso, com as pessoas e as instâncias necessárias para debater com eficácia tais desafios e elaborar soluções. E, por último, traz em si um projeto agregador, junto a uma forte preocupação ética — mesmo que às vezes passe a impressão de assumir tudo isso com certa incúria.

Nas outras regiões, infelizmente, não há nada de comparável. O mundo árabe-muçulmano afunda cada vez mais num "buraco" histórico do qual parece incapaz de escapar, revelando um rancor contra a

Terra inteira — os ocidentais, os russos, os chineses, os hinduístas, os judeus etc. — e, sobretudo, contra si mesmo. Os países da África, com raras exceções, passam por guerras intestinas, por epidemias, por tráficos sórdidos, pela corrupção generalizada, pela deliquescência das instituições, pela desintegração do tecido social, pelo desemprego em massa e pela desesperança. A Rússia sofre para se recuperar dos 70 anos de comunismo e da maneira caótica como o abandonou; seus dirigentes sonham com a reconquista do poder que tiveram, enquanto a população permanece desiludida. Quanto aos Estados Unidos, depois de derrubar o principal adversário global que tinham, veem-se envolvidos numa empreitada titânica que os exaure e desnorteia: domar sozinhos, ou quase, um planeta indomável.

Mesmo a China, que passa por uma ascensão espetacular, tem motivos para se preocupar, pois, apesar de seu caminho parecer já definido neste início de século — dar ininterrupta continuidade ao desenvolvimento econômico, sem descuidar da preservação da coesão social e política —, seu papel futuro de grande potência política e militar está cercado de graves incertezas, tanto para ela própria quanto para seus vizinhos e para o restante do mundo. O gigante asiático ainda mantém em punho uma bússola mais ou menos confiável, mas se aproxima rapidamente de uma zona em que o instrumento não lhe servirá mais.

As vitórias enganadoras

De alguma maneira, todos os povos da Terra estão na tormenta. Ricos e pobres, arrogantes e submissos, invasores e invadidos estão — estamos — a bordo da mesma frágil canoa, prestes a afundar juntos. Continuamos, assim mesmo, a nos afrontar e a brigar, sem nos preocuparmos com o mar que se agita.

Somos, inclusive, capazes de aplaudir a vaga devastadora se ela, ao crescer em nossa direção, devorar antes de nós os inimigos.

2

Mas foi também por outra razão que, em primeiro lugar, citei o exemplo da União Europeia. Ele ilustra bem um fenômeno que os historiadores conhecem e com o qual todo ser humano depara no decorrer da própria existência, isto é, o fato de que uma derrota pode revelar-se, com o tempo, providencial, e um sucesso ter consequências calamitosas. O final da Guerra Fria pertence justamente, creio, a essa estirpe de eventos enganadores.

Que o triunfo da União Europeia lhe tenha feito perder as referências, esse não é o único paradoxo de nossa época. Poderíamos, da mesma forma, dizer que a vitória estratégica do Ocidente, que deveria ter confirmado sua supremacia, acelerou seu declínio; que o triunfo do capitalismo o precipitou na pior crise de sua história; que o fim do "equilíbrio do terror" deu origem a um mundo obcecado pelo "terror"; e também que a derrota do sistema soviético, notoriamente

As vitórias enganadoras 23

repressivo e antidemocrático, fez regredir o debate democrático em toda a extensão do planeta.

É nesse último ponto que vou, de início, insistir. Para sublinhar que, com o fim do confronto entre os dois blocos, passamos de um mundo em que as divisões eram principalmente ideológicas, e o debate ininterrupto, para um mundo em que as divisões são, sobretudo, identitárias, com pouco espaço para o debate. Cada um proclama suas filiações diante dos outros, lança seus anátemas, mobiliza os que lhe são próximos, diaboliza os inimigos — o que mais se pode dizer? Os adversários de hoje têm tão poucas referências em comum!

Não se trata, nem por isso, de nostalgicamente relembrar o ambiente intelectual da época da Guerra Fria — que não era tão fria em todos os lugares e, pelo contrário, se desmanchara em inúmeros conflitos laterais que custaram dezenas de milhões de vidas humanas, da Coreia ao Afeganistão, da Hungria à Indonésia e do Vietnã ao Chile e à Argentina. Tenho a impressão, entretanto, de podermos lamentar que o mundo tenha escolhido uma saída "por baixo", quero dizer, na direção de menor universalismo, menor racionalidade, menor laicidade; na direção do reforço das vinculações hereditárias, à custa de opiniões preconcebidas, ou seja, na direção contrária à do livre debate.

AMIN MAALOUF **24** *O Mundo em Desajuste*

Enquanto durou o confronto ideológico entre adeptos e adversários do marxismo, a Terra inteira parecia um imenso salão de palestras. Nos jornais, nas universidades, nos escritórios, nas fábricas, nos bares e nas casas, a maior parte das sociedades humanas fervilhava em intermináveis discussões sobre as vantagens e desvantagens desse ou daquele modelo econômico, de determinado pensamento filosófico ou organização social. Desde que o comunismo foi vencido, desde que deixou de apresentar à humanidade uma alternativa concreta, esses intercâmbios ficaram sem um porquê. Será por esse motivo que tanta gente abandonou suas utopias desfeitas para se refugiar sob o teto tranquilizador de uma comunidade? Pode-se igualmente supor que o aniquilamento político e moral do marxismo, que era decididamente ateu, recolocou em pauta as crenças e as solidariedades que ele havia tentado extirpar.

De um jeito ou de outro, vemo-nos, desde a queda do Muro de Berlim, num mundo em que as filiações se exacerbam, sobretudo as que se remetem à religião; onde a coexistência entre as diferentes comunidades humanas se torna, por isso, cada vez mais difícil; e onde a democracia está o tempo todo à mercê de disputas identitárias.

Essa passagem do ideológico para o identitário teve efeitos arrasadores no conjunto do planeta, mas em lugar nenhum de maneira tão grave quanto na área cultural árabe-muçulmana, em que o radicalismo religioso, que por muito tempo havia sido minoritário e perseguido, ganhou predominância intelectual maciça no seio da maioria das sociedades, assim como na diáspora. No decorrer de sua ascensão, essa tendência passou a adotar uma linha violentamente antiocidental.

Iniciada com a tomada de poder pelo aiatolá Khomeini, em 1979, essa evolução se acentuou com o fim da Guerra Fria. Enquanto durou o confronto dos dois blocos, os movimentos islamitas se mostraram, em geral, mais claramente hostis ao comunismo do que ao capitalismo. Certamente nunca haviam contado com a menor simpatia pelo Ocidente, por sua política, por seu modo de vida e por seus valores, mas o ateísmo militante dos marxistas os caracterizava como inimigos mais viscerais. Paralelamente, os adversários locais dos islamitas, sobretudo os nacionalistas árabes, assim como os partidos de esquerda, haviam seguido orientação inversa, tornando-se aliados ou com ligações de clientelismo com a União Soviética. Esse alinhamento acabou tendo, para eles, consequências desastrosas, mas era, de certa maneira, ditado pela sua própria história.

Há várias gerações, as elites modernistas do mundo árabe-muçulmano queriam o impossível, ou seja, europeizar-se sem se submeter à hegemonia das potências europeias que dominavam seus países, de Java ao Marrocos, e controlavam seus recursos naturais. Haviam travado combate pela independência contra os britânicos, franceses e holandeses, e toda vez que seus países tentaram assumir o controle dos setores-chave da economia, isso foi contra as companhias petrolíferas ocidentais — ou, no caso do Egito, a Companhia Franco-Britânica do Canal de Suez — que aquelas elites se chocaram. A emergência, a leste do continente europeu, de um bloco poderoso, defendendo a industrialização acelerada, brandindo o slogan da "amizade entre os povos" e se opondo de maneira firme às potências coloniais, pareceu a muitos uma solução ao dilema.

Na confusão do combate pela independência, semelhante orientação podia parecer razoável e promissora. Com o recuo do tempo, não se pode deixar de constatar que foi calamitosa. As elites do mundo árabe-muçulmano não conseguiram o desenvolvimento, nem a libertação nacional, nem a democracia, tampouco a modernidade social; nada além de uma variante local do stalinismo nacionalista, sem nada possuir do que havia permitido a propagação mundial do regime soviético — o discurso internacionalista, a contribuição maciça para a derrota do nazismo em 1941-1945, a capacidade para construir uma potência militar de primeiro plano —, tendo, porém, fielmente copiado os piores entraves — as tendências xenófobas, a brutalidade policial, a gestão econômica notoriamente ineficaz, assim como o confisco do poder por um partido, por um clã e por um chefe. O regime "não clerical" de Saddam Hussein foi, nesse sentido, um exemplo revelador.

As vitórias enganadoras 27

Pouco importa, hoje em dia, saber se devemos lamentar a cegueira secular das sociedades árabes ou a secular avidez das potências ocidentais. Ambas as teses se sustentam — voltarei a isso. O que é certo, e pesa muito sobre o mundo de hoje, é que, por várias décadas, os elementos potencialmente modernizadores, leigos, do mundo árabe-muçulmano, lutaram contra o Ocidente. Com isso, eles se perderam, material e moralmente, num caminho sem saída. É verdade, também, que o Ocidente lutou contra eles com uma eficácia frequentemente assustadora e, às vezes, com o apoio dos movimentos religiosos.

Não se tratava de verdadeira aliança, mas apenas de uma convergência tática, diante de um inimigo comum poderoso. Mas isso teve como resultado que, ao sair da Guerra Fria, os islamitas estavam entre os vencedores, com sua influência se tornando visível e profunda em todas as áreas da vida cotidiana. Uma boa parte da população passou a se identificar com eles, ainda mais por terem adotado todas as reivindicações sociais e nacionais que a esquerda e os movimentos originados no combate pela independência tradicionalmente defendiam. Mantendo-se plantado na aplicação visível dos preceitos da fé, muitas vezes interpretados de maneira conservadora, o discurso islamita foi se tornando politicamente radical — mais igualitarista, mais terceiro-mundista, mais revolucionário, mais nacionalista e, desde os últimos anos do século XX, decididamente voltado contra o Ocidente e seus protegidos.

Com relação a esse último ponto, uma comparação vem à mente: na Europa, durante a Segunda Guerra Mundial, os democratas de direita e os comunistas, aliados contra os nazistas, tornaram-se inimigos já em 1945; da mesma forma, era previsível que, no final da Guerra Fria, os ocidentais e os islamitas se enfrentassem sem trégua. Se fosse preciso um terreno propício para acender o estopim, ele estava preparado: o Afeganistão. Era onde os ex-aliados haviam travado o último combate em comum contra os soviéticos; foi onde, depois da vitória, a ruptura se consumou, na última década do século; e foi de onde, no 11 de Setembro de 2001, uma afronta mortal foi lançada contra os Estados Unidos da América. O que gerou as reações em cadeia que vimos — invasões, insurreições, execuções, massacres, guerras intestinas. E outros atentados, inumeráveis.

3

A ideia de que o Ocidente estaria confrontado com um punhado de terroristas que abusivamente se exprime em nome do islã e cujas ações são reprovadas pela maioria dos fiéis nem sempre corresponde à realidade. É bem verdade que carnificinas monstruosas, como a de Madri, em março de 2004, provocam repulsa, constrangimento e sinceras condenações no mundo muçulmano. Mas, se observarmos de perto as "tribos planetárias" que formam a humanidade de hoje, suas reações aos atentados, como aos conflitos armados ou às quedas de braço políticas, raramente se assemelham: ali, onde alguns ficam indignados, outros justificam, desculpam e, às vezes, até mesmo aplaudem.

Manifestamente, estamos na presença de duas interpretações da História, cristalizadas em torno de duas percepções do "adversário". Para uns, o islã teria se revelado incapaz de adotar os valores universais defendidos pelo Ocidente; para outros, é o Ocidente que, acima de tudo, mostra ter uma vontade de dominação universal, com os muçulmanos se esforçando para resistir com os recursos limitados de que ainda dispõem.

Para quem pode ouvir cada "tribo" em sua própria língua, hábito que tenho há vários anos, o espetáculo é ao mesmo tempo edificante, fascinante e aflitivo. Pois, a partir do momento em que se colocam certas premissas, consegue-se interpretar todos os acontecimentos de maneira coerente, sem precisar ouvir a opinião dos "outros".

Se, por exemplo, aceitarmos o postulado de que a calamidade de nossa época é a "barbárie do mundo muçulmano", observar o Iraque só pode confirmar essa impressão. Um tirano sanguinário que reinou pelo terror durante um terço de século arruinou seu povo, dilapidou o dinheiro do petróleo em despesas militares ou luxos suntuosos, invadiu seus vizinhos, desafiou as potências, foi pródigo em fanfarronices sob o aplauso admirado das multidões árabes, até cair sem nem mesmo travar um verdadeiro combate. Depois disso, derrubado o homem, o país passou a afundar no caos, com as diferentes comunidades mutuamente se massacrando, como se dissessem: "Estão vendo? Só mesmo uma ditadura para conter um povo assim!"

Mas, se, pelo contrário, adotarmos como axioma o "cinismo do Ocidente", os acontecimentos se explicam de maneira igualmente coerente: como prelúdio, um embargo econômico que precipitou na miséria todo um povo e custou a vida de centenas de milhares de crianças, sem nunca privar o ditador de seus charutos.

As vitórias enganadoras 31

Em seguida, a invasão, decidida sob falsos pretextos, atropelando a opinião pública e as instituições internacionais, motivada, pelo menos em parte, pela vontade de se apoderar dos recursos petrolíferos. Depois da vitória americana, a dissolução apressada e arbitrária do exército iraquiano e do aparelho de Estado, a instauração explícita do comunitarismo no interior das instituições, como se, deliberadamente, se quisesse mergulhar o país em instabilidade permanente. Além disso, as violências nas prisões de Abu Ghraib, o uso sistemático de tortura, as constantes humilhações, os "danos colaterais", inúmeros desmandos não punidos, pilhagem, abusos...

Para uns, o caso do Iraque demonstra que o mundo muçulmano é impermeável à democracia; para outros, revela a verdadeira face da "democratização" à ocidental. Inclusive no que se refere à morte filmada de Saddam Hussein, pode-se acusar tanto a ferocidade dos americanos quanto a dos árabes.

Para mim, ambos os discursos são justos e ambos são falsos. Cada um gira em sua própria órbita, diante do seu público, para o qual meia palavra basta, sem entender o discurso adversário. Dadas as minhas origens, e coerente com meu itinerário, posso me vincular ao mesmo tempo às duas órbitas, mas me sinto a cada dia mais afastado tanto de uma quanto de outra.

Essa sensação de distanciamento — ou talvez eu devesse escrever de "estranhamento" — não se deve a um eventual desejo de estabelecer, a partir desses componentes da minha identidade, um equilíbrio entre as acusações, como também não apenas à minha irritação diante de duas teimosias culturais que envenenam nosso início de século — e que, incidentemente, contribuem para demolir o país de onde venho. O que condeno é a prática secular dessas duas "zonas de civilização", prática que, até mesmo, temo que afete a própria razão de ser de ambas. O que penso, no fundo, é que essas veneráveis civilizações chegaram a seu limite, trazendo ao mundo apenas suas tensões destruidoras. Estão ambas em plena falência moral, como, aliás, estão todas as civilizações particulares que ainda dividem a humanidade, sendo chegada a hora de transcendê-las. Se não conseguirmos construir, neste século, uma civilização comum com que cada um possa se identificar, unida pelos mesmos valores universais, guiada por uma poderosa fé na aventura humana e enriquecida por toda a nossa diversidade cultural, com certeza afundaremos juntos numa barbárie em comum.

O que critico hoje em dia ao mundo árabe é a indigência de sua consciência moral, e o que critico ao Ocidente é sua propensão a transformar a sua consciência moral em instrumento de domínio. São duas acusações pesadas e, para mim, duplamente dolorosas, mas que não posso deixar que passem em silêncio num livro que pretende abordar as origens da regressão que se anuncia. No discurso de uns, seria vão procurar traços de alguma preocupação ética ou referências a valores universais; no discurso dos outros, essas preocupações e essas referências estão onipresentes, mas usadas seletivamente e, o tempo todo, desviadas a favor da política. O resultado é que o Ocidente não deixa de perder sua credibilidade moral, e seus detratores não têm nenhuma.

Nem por isso coloco as crises dos "meus" dois universos culturais no mesmo plano. Em comparação ao que foi há 1.000 anos, ou há 300, ou até mesmo há 50, inegavelmente o Ocidente avançou de modo espetacular e, em certas áreas, continua, de forma até mais acelerada, enquanto o mundo árabe se encontra em seu ponto mais baixo: ele envergonha seus filhos, seus amigos e também sua história.

Um exemplo entre outros, mas muito sintomático, é o da capacidade de organização da coexistência: quando eu era moço, as relações entre as diversas comunidades do Oriente Médio ainda eram, se não igualitárias e cordiais, pelo menos corteses e respeitosas. Os muçulmanos xiitas e sunitas às vezes trocavam olhares desconfiados, mas frequentemente se casavam entre si e pareciam então impensáveis os mútuos e cotidianos massacres que a tragédia iraquiana banalizou.

No que se refere às minorias cristãs, mesmo que sua situação nunca tenha sido idílica, elas conseguiam em geral sobreviver, sob todos os regimes, e até mesmo prosperar. Em momento algum, desde o despontar do islã, tinham sido a tal ponto marginalizadas, oprimidas e até pressionadas a se retirar, como é o caso hoje no Iraque e em alguns outros países. Estrangeiras em sua própria terra, por elas habitadas há séculos, às vezes há milênios, várias dessas comunidades devem desaparecer nos próximos 20 anos, sem que isso provoque grandes comoções entre seus compatriotas muçulmanos ou entre seus correligionários do Ocidente.

Quanto às comunidades judias do mundo árabe, sua extinção é fato consumado; restam apenas, num ou noutro lugar, alguns estoicos sobreviventes que as autoridades e a população insistem ainda em humilhar e perseguir.

Não haveria, hão de perguntar, em toda essa situação, certa responsabilidade da América e de Israel? É claro que sim, mas é uma desculpa insignificante no que se refere ao mundo árabe. Voltemos ao exemplo que constantemente aparece aos nossos olhos, o Iraque. Estou convencido de que a atitude indecisa da ocupação americana contribuiu para mergulhar o país na violência comunitária. Até me disponho a admitir, apesar de semelhante cinismo me parecer monstruoso, que alguns aprendizes de feiticeiro, em Washington e em outras capitais, buscaram vantagem no banho de sangue. Mas, quando um militante sunita toma o volante de um caminhão-bomba para se autoexplodir num mercado frequentado por famílias xiitas, e o autor do massacre é proclamado "herói da resistência" e "mártir" por predicadores fanáticos, de nada mais serve acusar "os outros", e é o próprio mundo árabe que deve fazer seu exame de consciência. Qual é o seu combate? Quais valores ele ainda defende? Que sentido dá à sua fé?

Dizem que o Profeta teria declarado: "O melhor dos homens é o que mais útil é aos homens." Trata-se de uma divisa poderosa, que deveria suscitar hoje questões profundas e atuais entre os indivíduos, os dirigentes e os povos: o que estamos trazendo aos outros e a nós mesmos? Em que estamos sendo "úteis aos homens"? Não estamos sendo guiados apenas pelo desespero suicida, que é a pior das impiedades?

4

No que se refere à outra civilização que digo ser minha, a do Ocidente, ela não passa pelo mesmo desnorteamento, pois se mantém, para a humanidade inteira, o modelo ou, em todo caso, a principal referência. No entanto, ela igualmente se encontra hoje, à sua maneira, diante de um impasse histórico que afeta seu comportamento e contribui para o desajuste do mundo.

Mesmo havendo, neste início de século, uma lancinante "questão do Oriente" que não parece em vias de se resolver, indiscutivelmente há também uma "questão do Ocidente". Se a tragédia dos árabes foi a de terem perdido seu lugar entre as nações e de se sentirem incapazes de recuperá-lo, a tragédia dos ocidentais é a de terem tido acesso a um papel planetário desmedido, sem poder mais assumi-lo em sua plenitude, mas sem conseguir também se livrar dele.

É óbvio que o Ocidente deu à humanidade mais do que qualquer outra civilização foi capaz. Desde o "milagre" ateniense, há dois milênios e meio, e, sobretudo, nos seis últimos séculos, não há um único campo do conhecimento da criação, da produção ou da organização social que não traga a marca da Europa e de sua extensão norte-americana. Tanto para o melhor quanto para o pior. A ciência do Ocidente se tornou, simplesmente, *A* ciência; sua medicina se tornou *A* medicina; sua filosofia, *A* filosofia; suas diversas doutrinas, das mais libertárias às mais totalitárias, passaram por avatares sob os mais longínquos firmamentos. Até mesmo os homens que lutam contra o domínio do Ocidente o fazem, antes de tudo, com os instrumentos materiais ou intelectuais que o próprio Ocidente inventou e espalhou pelo restante do mundo.

Com o fim da Guerra Fria, a preeminência das potências ocidentais parecia ter ultrapassado um novo limite. Seu sistema econômico, político e social acabava de demonstrar indiscutível superioridade e parecia a ponto de se estender por toda a superfície do globo, com alguns chegando a falar em "fim da História", pois o mundo inteiro ia tranquilamente se fundir na forma do Ocidente vitorioso.

Mas a História não é a virgem dócil e bem-comportada com que sonham os ideólogos.

Por exemplo, no campo econômico, o triunfo do modelo ocidental paradoxalmente levou ao enfraquecimento do Ocidente.

Libertas dos entraves do dirigismo, a China e, em seguida, a Índia bruscamente decolaram. Foram duas revoluções tranquilas, levadas adiante sem estardalhaço, por personagens discretos, mas que estão em vias de duradouramente modificar o equilíbrio do mundo.

Em 1978, dois anos depois da morte de Mao Tsé-tung, o poder caiu nas mãos de um homenzinho de 74 anos que milagrosamente escapara dos expurgos da Revolução Cultural — Deng Xiaoping. Ele logo ordenou a distribuição a alguns camponeses das terras antes coletivizadas, autorizando-os a vender uma parte do que colhessem. O resultado se revelou promissor: a produção se multiplicou, segundo os diferentes vilarejos, por dois, por três e por quatro. Dando mais um passo, o dirigente chinês resolveu que os camponeses poderiam, dali em diante, escolher o que plantariam, algo que, até então, era imposto pelas autoridades locais. A produção aumentou ainda mais. Foi como tudo começou. Com pequenos ajustes, sem declarações bombásticas, sem juntar multidões, o antigo sistema improdutivo foi progressivamente desmontado. Progressivamente, mas, mesmo assim, à velocidade da luz, provavelmente em razão do efeito multiplicador associado às dimensões demográficas do país. Por exemplo, assim que as autoridades retiraram a proibição que pesava contra as pequenas empresas familiares no campo — armazéns, lojas, oficinas de reparos etc. —, 22 milhões delas foram criadas, empregando 135 milhões de pessoas. Quando se trata da China, tem-se o tempo todo a impressão de folhear um livro de recordes; como ocorre com relação ao número de arranha-céus de Xangai — 15 em 1988 e, 20 anos depois, quase 5 mil, ou seja, mais do que Nova York e Los Angeles juntas.

Alguns fenômenos, porém, não dependem do gigantismo, e esse último poderia até tê-los dificultado, como o crescimento do produto interno bruto, que girou em torno de 10%, em média, durante 30 anos, permitindo à economia chinesa ultrapassar, sucessivamente, as da França, da Inglaterra e depois a da Alemanha, logo na primeira década do século XXI.

Na Índia, o desmantelamento do dirigismo igualmente transcorreu na calma, gerando consequências também espantosas. Em julho de 1991, o governo precisou enfrentar uma crise financeira maior, que ameaçava provocar a bancarrota. Para contorná-la, o ministro da Economia, Manmohan Singh, decidiu suavizar algumas restrições que pesavam sobre as empresas. O país até então tinha leis extremamente limitadoras e que impunham autorizações prévias para cada transação econômica: licença para importação, licença para câmbio, licença para investimento, licença para aumento da produção etc. Assim que se viu livre desses entraves, a economia decolou...

O que acabo de evocar em poucos e rápidos parágrafos constitui, para a humanidade inteira, um avanço gigantesco e inesperado, um dos mais entusiasmantes da História; ambos os países mais povoados do planeta, representando a metade da população daquilo que se tinha o hábito de chamar "Terceiro Mundo", começavam a sair do subdesenvolvimento. Outros países da Ásia e da América Latina parecem assumir a mesma via ascendente e a tradicional divisão do globo em Norte industrial e Sul miserável se desfaz...

Com o passar do tempo, o despertar econômico daquelas grandes nações do Oriente provavelmente aparecerá como a mais espetacular consequência do desmanche do socialismo burocrático. Se nos colocarmos no ponto de vista da aventura humana, só poderemos nos alegrar com isso; se nos colocarmos no ponto de vista do Ocidente, a alegria se misturará com a apreensão, pois esses novos gigantes industriais não são apenas parceiros comerciais, apresentam-se também como temíveis rivais e adversários em potencial.

Não nos encontramos mais na composição tradicional que colocava o Sul oferecendo uma mão de obra barata, mas pouco eficiente. Mesmo que os trabalhadores chineses e indianos permaneçam — e ainda permanecerão por certo tempo — menos exigentes, eles estão se tornando cada vez mais qualificados e muito motivados. Seriam menos criativos, como se insiste em dizer no Ocidente, em geral com subentendidos carregados de preconceitos culturais e étnicos? Se ainda for esse o caso, hoje em dia, pode-se prever que essa situação vai se alterar, à medida que os homens e mulheres do Sul forem se sentindo mais seguros, mais livres, menos presos às hierarquias sociais e aos conformismos intelectuais. Poderemos então passar, em uma ou duas gerações, da imitação à adaptação e, depois, à criatividade. A história desses grandes povos revela que eles são capazes disso — a porcelana, a pólvora, o papel, o timão, a bússola, a vacinação e a invenção do zero o comprovam. O que faltou àquelas sociedades asiáticas, elas presentemente adquiriram e estão adquirindo na escola do Ocidente. Saindo do arbitrário e do imobilismo, experientes com os fracassos, as humilhações e a miséria, elas parecem finalmente prontas para enfrentar o futuro.

O Ocidente ganhou, impôs seu modelo, mas, graças a essa vitória, ele perdeu.

Sem dúvida, seria preciso introduzir, no ponto em que estamos, uma distinção entre o Ocidente universal, difuso e implícito, que penetrou na alma de todas as nações da Terra, e o Ocidente particular, geográfico, político e étnico, o das nações brancas da Europa e da América do Norte. É esse último que se encontra hoje num impasse, não por sua civilização ter sido ultrapassada por outras, mas porque as outras a adotaram, privando-se do que era sua especificidade e superioridade.

Com o recuo do tempo, poderíamos dizer que a atração que o sistema soviético exercia sobre os países do Sul paradoxalmente retardava o declínio do Ocidente. Enquanto a China, a Índia e tantos outros países de economia dirigista do Terceiro Mundo permaneceram presos a um modelo econômico inoperante, não constituíam uma ameaça à supremacia econômica do Ocidente — apesar de, justamente, achar que a combatiam. Foi preciso que se libertassem dessa ilusão, que adotassem firmemente o caminho dinâmico do capitalismo, para que começassem a realmente sacudir o trono do "homem branco".

As nações ocidentais, enfim, viviam sua idade de ouro, sem ter consciência disso, no tempo em que eram as únicas a contar com um sistema econômico de alta eficiência. No ambiente competitivo global que elas tudo fizeram para criar a seu redor, parecem agora condenadas ao desmonte de áreas inteiras de sua economia — praticamente toda a indústria manufatureira e uma parte crescente do setor de serviços.

A situação é particularmente delicada para a Europa, que, de certa maneira, está presa entre dois fogos: o da Ásia e o da América, resumindo. Quero dizer entre a concorrência comercial das nações emergentes e a concorrência estratégica dos Estados Unidos, cujo efeito pesa sobre setores de ponta como a aeronáutica e o conjunto das indústrias para uso militar. Acrescentemos essa outra deficiência importante que é a incapacidade da Europa em ter controle sobre suas fontes de abastecimento em petróleo e em gás, que se concentram essencialmente no Oriente Médio e na Rússia.

Outra consequência importante do decolar econômico das grandes nações da Ásia foi o acesso de centenas de milhões de pessoas a um modo de consumo do qual, até então, estavam excluídas.

As vitórias enganadoras

Quem quiser que ria ou se indigne por causa de certos excessos, mas ninguém pode legitimamente contestar a essas populações o direito de possuir o que há muito possuem as populações dos países ricos — geladeira, máquina de lavar, lava-louças e todos os produtos do gênero; o automóvel da família e o computador individual; água quente, água limpa e alimentos à vontade, mas também cuidados médicos, educação, lazer, turismo etc.

Ninguém hoje tem o direito moral e ninguém amanhã terá a efetiva capacidade de privar essas populações de tudo isso — nem seus governantes, nem a superpotência nem qualquer outra entidade mais. A menos que se queiram impor, por todo o planeta, tiranias sangrentas e absurdas que levem esses povos de volta à pobreza e à servidão, não vejo como impedi-los de fazer aquilo que, há décadas, dizem a eles para fazer: trabalhar melhor, ganhar mais dinheiro, melhorar suas condições de vida e consumir, consumir, consumir.

Para várias e sucessivas gerações, incluindo a minha, e sobretudo para aqueles de nós que nasceram nas regiões do Sul, a luta contra o subdesenvolvimento vinha na sequência lógica da luta pela independência. Essa última, em comparação, parecia até ser coisa fácil, pois o duro combate contra a pobreza, a ignorância, a incúria, a letargia social e as epidemias dava a impressão de que a situação se estenderia por séculos. Que as nações mais populosas tenham conseguido decolar sob nossos olhos constitui uma espécie de milagre, do qual, pessoalmente, não me canso de me maravilhar.

Dito isso, devo acrescentar, de forma menos subjetiva, que o vertiginoso crescimento das classes médias na China, na Índia, na Rússia, no Brasil, assim como no conjunto do planeta, é uma realidade para a qual o mundo, da maneira como ele funciona neste momento, não parece preparado. Se três ou quatro bilhões de seres humanos começarem em breve a consumir, individualmente, tanto quanto os europeus ou os japoneses, sem nem mesmo falar dos americanos, é óbvio que assistiremos a desajustes maiores, tanto ecológicos quanto econômicos. Seria preciso acrescentar que não estou me referindo a um futuro distante, mas ao futuro imediato e até mesmo quase ao presente? A pressão sobre os recursos naturais — sobretudo o petróleo, a água-doce, as matérias-primas, a carne, o peixe, os cereais etc. — e o combate pelo controle das zonas de produção, a teimosia de uns em preservar a parte que detêm das riquezas naturais e a teimosia de outros em adquirir a parte que pretendem, só isso já basta para alimentar muitos conflitos sangrentos.

Não há dúvida de que essas tensões se atenuariam com um período de recessão econômica global, em que se consumisse menos e se produzisse menos, com menor angústia com relação ao esgotamento dos recursos. Mas essa relativa calmaria seria mais do que "compensada", infelizmente, por tensões geradas pela própria crise. Como se comportaria essa ou aquela nação se suas esperanças de desenvolvimento econômico sofressem uma freada brutal? A quais reviravoltas sociais e degringoladas ideológicas ou políticas, a quais desvios belicosos não levaria semelhante frustração? O único acontecimento comparável a que podemos nos referir é o da Grande Depressão de 1929, que levou a cataclismos sociais, ao desencadeamento de fanatismos, a conflitos locais e à conflagração mundial.

Pode-se legitimamente esperar que o mesmo roteiro extremado não se repita. Serão inevitáveis, porém, abalos e choques, dos quais a humanidade sairá transformada, provavelmente exangue, machucada, traumatizada, mas talvez mais madura, mais adulta, mais consciente do que antes de viver uma aventura comum em nossa frágil canoa.

5

O enfraquecimento da parte relativa ao Ocidente na economia mundial, do modo como isso se vem consolidando desde o fim da Guerra Fria, traz em si consequências graves, das quais não se pode medir, desde já, toda a extensão.

Uma das mais preocupantes é que parece tornar-se cada vez maior a tentação, para as potências ocidentais e, sobretudo, para Washington, de preservar, pela supremacia militar, o que não é mais possível preservar pela superioridade econômica nem pela autoridade moral.

É onde talvez se situe a consequência mais paradoxal e perversa do fim da Guerra Fria; um acontecimento que se podia supor portador de paz e reconciliação, mas que se fez seguir por uma enfiada de conflitos sucessivos, com a América passando, sem transição, de uma guerra à seguinte, como se este se tornasse o "método de governo" da autoridade global, mais do que um último recurso.

As vitórias enganadoras

Os atentados sangrentos do 11 de Setembro de 2001 não bastam para explicar esse direcionamento; eles o reforçaram e parcialmente legitimaram, mas, claramente, era o caminho que já havia sido tomado.

Em dezembro de 1989, seis semanas após a queda do Muro de Berlim, os Estados Unidos intervieram militarmente no Panamá, contra o general Noriega, e essa expedição com ares de ação policial teve o significado de uma proclamação: cada um devia saber quem tinha o comando do planeta e quem devia simplesmente obedecer. Depois veio a primeira guerra do Iraque, em 1991; em 1992-93, a malfadada aventura na Somália; em 1994, a intervenção no Haiti, para estabelecer no poder o presidente Jean-Bertrand Aristide; em 1995, a guerra da Bósnia; em dezembro de 1998, a campanha de bombardeios maciços contra o Iraque, batizada "Operação Raposa do Deserto"; em 1999, a guerra do Kosovo; a partir de 2001, a guerra do Afeganistão; a partir de 2003, a segunda guerra do Iraque; em 2004, uma nova expedição no Haiti, dessa vez para derrubar o presidente Aristide... Sem contar os bombardeios punitivos e as ações militares de menor dimensão na Colômbia, no Sudão, nas Filipinas, no Paquistão etc.

Para cada uma dessas intervenções, se quisermos nos manter como espectadores lúcidos, havia motivos respeitáveis e também outros, que não passavam de meros pretextos. Mas, por si só, a sequência é preocupante. Um "método de governo" do planeta, foi o que eu disse? Mais de uma vez, nos primeiros anos do século novo, cheguei a pensar que a verdade podia ser bem mais sinistra ainda e que tais operações eram levadas adiante "como exemplo", como ocorre quando os impérios coloniais de ontem resolviam incutir o terror no coração dos tutelados nativos para dissuadi-los de qualquer intenção de revolta.

Algumas das expedições militares mais contestáveis permanecem ligadas ao presidente George W. Bush, e foi, em parte, graças à guerra do Iraque que os eleitores americanos levaram ao poder Barack Obama e os democratas. Resta saber em que medida esse encaminhamento intervencionista estava ligado às escolhas políticas do governo e em que medida era determinado pela situação dos Estados Unidos no mundo — a de um país cujo peso na economia mundial declina inexoravelmente, que não para de se endividar, que manifestamente vive acima de seus meios e que, entretanto, dispõe de incontestável supremacia militar. Como resistir à tentação de utilizar essa vantagem maior para compensar o enfraquecimento nas outras áreas?

Quaisquer que sejam a sensibilidade ou as convicções políticas de seu presidente, os Estados Unidos não podem mais afrouxar a pressão que exercem sobre o mundo nem perder o controle das fontes essenciais para sua economia, sobretudo o petróleo.

Também não podem deixar que livremente circulem forças que tramam sua perda, nem passivamente observar a emergência das potências rivais que podem, um dia, contestar sua supremacia. Se deixarem de lado a gestão atenta e feroz dos negócios do mundo, serão provavelmente tragados por uma espiral de enfraquecimento e de empobrecimento.

O que não quer dizer que o intervencionismo sistemático seja a boa receita para barrar o declínio, e a se julgar pelo balanço dos primeiros anos do século, ele, sobretudo, o acelerou. Outra política teria efeito contrário? Vale tentar a experiência, mas, quando um poder afrouxa a pressão, a reação espontânea dos adversários é a de atacá-lo, mais do que a de demonstrar gratidão. Os ocidentais se mostravam bem mais respeitosos com relação à União Soviética de Brejnev do que à de Gorbatchov, que eles humilharam, pilharam e desmantelaram, gerando profundo rancor no povo russo. E os revolucionários do Irã foram implacáveis com o presidente Carter, que teve escrúpulos em aplicar uma política agressiva.

Tudo isso para dizer que o dilema do Ocidente em suas relações com o restante do mundo não se resolverá milagrosamente se Washington modificar de repente seu comportamento no cenário internacional. Mesmo que essa mudança permaneça indispensável para mantermos a esperança em uma virada salvadora, nada garante que ela será determinante.

Alguns analistas fazem distinção entre "poder duro" e "poder suave", querendo, com isso, dizer que um Estado pode manter sua autoridade de diversas maneiras, sem ter a necessidade de toda vez recorrer às suas forças armadas. A incapacidade na compreensão dessa verdade foi o que levou Stálin a perguntar "quantas divisões" tinha o papa. Aliás, no dia em que a União Soviética se desmantelou, do ponto de vista estritamente militar, ela facilmente ainda dispunha dos meios para aniquilar seus adversários. Mas a vitória e a derrota não se determinam pelo número de divisões blindadas, por megatons de bombas e pela quantidade de ogivas. Isso não passa de um fator, entre outros, com certeza necessário para uma grande potência, mas de modo algum suficiente. Em todo confronto — entre indivíduos e entre grupos humanos, assim como entre Estados — inúmeros fatores entram em jogo, revelando poder físico, capacidade econômica ou ascendência moral. No caso da União Soviética, é claro que ela se encontrava moralmente desgastada e economicamente debilitada, que tornou inoperante seu formidável braço militar.

O Ocidente, pelo contrário, ao sair da Guerra Fria, dispunha de uma superioridade esmagadora nos três campos ao mesmo tempo. Militarmente, graças, sobretudo, ao poderio americano; economicamente, graças à predominância tecnológica, industrial e financeira tanto da Europa quanto dos Estados Unidos; e moralmente, pela virtude de seu modelo de sociedade, que

As vitórias enganadoras 51

acabava de aniquilar o rival mais perigoso, o comunismo. Essa múltipla superioridade devia lhe permitir governar o mundo com sutileza, distribuindo às vezes afagos e outras vezes, pancadas, desencorajando com firmeza os adversários recalcitrantes, mas oferecendo vantagens substanciais aos demais, para que conseguissem escapar do subdesenvolvimento e da tirania.

Com isso, parecia razoável acreditar que o recurso às armas passaria a ser excepcional e que ao Ocidente bastaria deixar que prevalecessem as excelências de seu sistema econômico e de seu modelo de sociedade para preservar a supremacia. Mas foi o contrário disso que aconteceu. A predominância econômica do Ocidente foi negativamente afetada pela ascensão dos gigantes asiáticos, e a volta às armas se banalizou.

No que se refere à preeminência moral, ela também se desgastou, o que é, no mínimo, paradoxal, uma vez que o modelo ocidental não tem mais concorrente, e que o atrativo do modo de vida europeu ou norte-americano é mais forte do que nunca, não apenas em Varsóvia ou em Manila, mas igualmente em Teerã, em Moscou, no Cairo, em Xangai, em Chennai, em La Havana e em todo lugar. No entanto, existe entre o "centro" e a "periferia" um verdadeiro problema de falta de confiança.

Um problema que tem suas raízes na relação pouco saudável que se estabeleceu no decorrer dos últimos séculos, entre as potências ocidentais e o restante do mundo, e que contribui hoje para tornar os homens incapazes de administrar sua diversidade, incapazes de formular valores comuns, incapazes de analisar juntos o futuro. Ou seja, incapazes de enfrentar os perigos que crescem.

6

O Ocidente não conseguiu aproveitar plenamente a vitória sobre o comunismo por também não ter sabido estender a prosperidade para além de suas fronteiras culturais.

Como exemplo, os efeitos quase milagrosos da construção europeia que permitiram, em curtíssimo prazo, erguer a Irlanda, a Espanha, Portugal e Grécia, antes de se dirigir com amplas passadas na direção da Europa Central e da Oriental, nunca conseguiram atravessar o simples estreito de Gibraltar e passar para o outro lado do Mediterrâneo, onde agora se ergue um muro alto que, mesmo invisível, nem por isso é menos real, cruel e perigoso do que aquele que antigamente dividia a Europa.

É claro que a crise milenar do mundo muçulmano tem boa parte de responsabilidade nessa situação. Provavelmente, inclusive, é este o fator mais determinante. Mas de modo algum é o único. Pois, se voltarmos o olhar para o Novo Mundo, um vasto território em que o islã nunca teve raízes, observa-se fenômeno similar, com a incapacidade dos Estados Unidos em estender sua prosperidade ao sul do rio Grande, no México, seu vizinho. A tal ponto que se sentiram obrigados a levantar o próprio muro protetor, bem palpável, que custa a eles a desconfiança e o ressentimento por parte de toda a América Latina, que, entretanto — seria preciso lembrar? —, é tão cristã quanto a Europa ou a América do Norte.

E isso me leva a pensar que as enfermidades do mundo muçulmano, por mais reais e trágicas que sejam, não explicam tudo. O mundo ocidental tem as próprias cegueiras históricas e as próprias falhas éticas. E frequentemente foi através dessas falhas e dessas cegueiras que os povos dominados o conheceram ao longo dos últimos séculos. Quando se mencionam os Estados Unidos no Chile ou na Nicarágua, a França na Argélia ou Madagascar, a Grã-Bretanha no Irã, na China ou no Oriente Médio, os Países Baixos na Indonésia, os personagens que imediatamente vêm ao espírito não são Benjamin Franklin, nem Condorcet, nem Hume, tampouco Erasmo.

Há hoje, no Ocidente, um movimento de impaciência que leva a dizer: "Vamos parar de nos culpar!" Vamos parar de nos flagelar! Nem todas as misérias do mundo são por culpa dos colonizadores! É uma reação compreensível que tem a ver, aliás, com a de muitas pessoas nascidas, como eu, no Sul, e que se irritam ao ouvir os próprios compatriotas culparem, a cada desgraça que acontece, a época colonial. Esta, indiscutivelmente, causou muitos traumas duradouros, sobretudo na África, mas a época das diversas independências muitas vezes se revelou ainda mais calamitosa e, pessoalmente, não tenho a menor simpatia pelos inúmeros dirigentes incompetentes, corruptos e tirânicos que, sempre que necessário, usam a desculpa cômoda do colonialismo.

No caso do país de onde venho, o Líbano, estou convencido de que o período do mandato francês, de 1918 a 1943, e também a última fase da presença otomana, de 1864 a 1914, foram bem menos nefastos do que os diversos regimes que se sucederam após a independência. Talvez seja politicamente incorreto afirmar de forma tão categórica, mas é o que deduzo dos fatos. O mesmo pode se observar, aliás, com relação a diversas outras nações, mas, por delicadeza, limito-me a mencionar a minha.

Apesar de a desculpa do colonialismo, para justificar o fracasso dos dirigentes do Terceiro Mundo, não ser mais admissível, a questão das relações pouco saudáveis entre o Ocidente e suas ex-colônias permanece crucial e não pode ser simplesmente deixada de lado, com algum gesto irritado ou um dar de ombros.

Pessoalmente, continuo convencido de que a civilização ocidental, mais do que qualquer outra, criou valores universais, mas se revelou incapaz de transmiti-los de maneira conveniente, inaptidão pela qual a humanidade inteira paga, hoje em dia, o preço.

A explicação cômoda é a de que os outros povos não estavam preparados para receber aquele "enxerto". É uma ideia que nunca deixa de voltar, que passa de uma geração a outra, de um século a outro e que nem se discute mais de tanto que parece ser a própria evidência. Sua mais recente formulação se aplicou ao Iraque. "O erro dos americanos foi querer impor a democracia a um povo que não queria isso!", é o que se diz. A frase cai como uma sentença inapelável e todos ficam satisfeitos, tanto os críticos de Washington quanto seus defensores, uns zombando da aberração da iniciativa e os outros enaltecendo tão nobre ingenuidade, tamanha é a capacidade de dissimulação dessa ideia preconcebida, que se adapta a todas as sensibilidades e se encaixa em todos os modismos intelectuais. Para aqueles que têm respeito pelos outros povos, ela parece respeitosa, mas também tranquiliza os preconceitos de quem os despreza, inclusive racialmente.

A afirmação tem ares de avaliação realista, mas, do meu ponto de vista, não passa de uma contraversão. O que de fato se passou no Iraque foi que os Estados Unidos não souberam levar a democracia a um povo que sonhava com isso.

Toda vez que tiveram a ocasião de votar, os iraquianos se apresentaram aos milhões, apesar do real risco de vida que corriam. Qual outra população no mundo teria aceitado fazer fila diante das seções de voto, sabendo, com toda certeza, que haveria atentados suicidas e carros-bomba? E alguns vêm dizer que essa mesma população não quer a democracia? Isso é dito e repetido nos jornais, nos debates do rádio e da televisão e ninguém, ou quase, perde tempo em olhar mais de perto.

A outra parte da afirmação, dizendo que os Estados Unidos quiseram impor a democracia no Iraque, igualmente me parece contestável. Vários motivos, mais ou menos sustentáveis, podem ser alinhados, que podem ter pesado na decisão americana de invadir o país em 2003: a luta contra o terrorismo e contra os regimes suspeitos de ajudá-lo; o medo de que um Estado "do Mal" desenvolvesse armas de destruição em massa; o desejo de dar cabo de um dirigente que ameaçava as monarquias do Golfo e preocupava Israel; a vontade de controlar campos petrolíferos etc. Alguns esboçaram teses inclusive psicanalíticas, como a do desejo do presidente Bush de concluir uma tarefa que o pai deixara inacabada. Mas, entre todos os observadores sérios, todos os inúmeros testemunhos e pesquisadores que esmiuçaram os relatórios das reuniões em que a decisão da guerra foi tomada, e que produziram nos últimos anos uma grande quantidade de livros, nenhum jamais apresentou um mínimo pedaço de frase que sugerisse que a motivação real da invasão seria a de instaurar a democracia no Iraque.

De nada serviria fazer um levantamento das intenções, mas deve-se constatar que, desde as primeiras semanas da invasão, as autoridades americanas estabeleceram um sistema de representação política baseado na vinculação religiosa ou étnica, o que imediatamente desencadeou uma violência sem qualquer precedente na história do país. Por ter observado isso de perto, a partir do Líbano ou de outros lugares, sou testemunha de que o comunitarismo em nada ajuda a expansão da democracia — revela-se, inclusive, um eufemismo bem tímido. O comunitarismo chega a ser a negação mesma da ideia de cidadania e não se pode construir um sistema político civilizado baseado em semelhante fundamento. Assim como se comprova crucial levar em consideração os diferentes componentes de uma nação — de maneira sutil, suave e implícita, para que cada cidadão se sinta representado —, da mesma maneira se revela perniciosa e até destruidora a instauração de um sistema de cotas que tende a dividir, por tempo prolongado, a nação em tribos rivais.

Que a grande democracia americana tenha oferecido ao povo iraquiano esse presente envenenado, que é a consagração do comunitarismo, é simplesmente algo vergonhoso e indigno. Se isso foi feito por ignorância, é aflitivo, mas, se tiver sido de modo calculadamente cínico, é criminoso.

É verdade que, às vésperas da invasão e durante o conflito, falou-se muito de liberdade e de democracia. Esses argumentos são habituais desde a aurora dos tempos, sob todos os firmamentos. Quaisquer que

As vitórias enganadoras 59

sejam os objetivos de uma operação militar, prefere-se dizer que a motivação é a justiça, o progresso, a civilização, Deus e Seus profetas, os fracos e oprimidos, assim como, é claro, a legítima defesa e o amor pela paz. Dirigente algum deve permitir que se proclamem, como seus motivos reais, a vingança, a avidez, o fanatismo, a intolerância, a vontade de dominação ou a de impor silêncio aos seus opositores. O papel dos propagandistas é o de dissimular as reais intenções sob aparências mais nobres, mas o papel dos cidadãos livres é o de investigar os atos, limpando as mentiras que os encobrem.

Dito isso, é verdade que, após os atentados do 11 de Setembro de 2001, houve uma rápida tendência, nos Estados Unidos, a favor da ideia de "propagação da democracia". Ao se revelar a nacionalidade dos membros do grupo suicida, alguns responsáveis publicamente disseram que a América estaria menos ameaçada se o mundo árabe fosse governado por regimes democráticos e modernizadores, e que fora um erro ter, até então, apoiado regimes obscurantistas e autocratas, cuja única virtude era o alinhamento com a política de Washington. Não se deveria também exigir daqueles "clientes" que igualmente compartilhassem pelo menos alguns dos valores reverenciados pelo protetor?

A citada tendência — que se traduziu em expressões vibrantes como "o Grande Oriente Médio" e, depois, "o Novo Oriente Médio" — iria longe. Não vou me estender mais longamente nesse episódio, mas permitam-me manifestar, de passagem, meu deslumbramento diante do seguinte espetáculo: a primeira das representantes das democracias ocidentais se perguntando, no limiar do século XXI, se não seria uma boa ideia, afinal, favorecer a emergência de regimes democráticos no Egito, na Arábia, no Paquistão e no restante do mundo muçulmano! Depois de incentivar, mais ou menos em todo lugar, poderes cuja primeira virtude era a de serem "estáveis", sem olhar muito de perto por que meios eles garantiam essa estabilidade; depois de dar apoio aos mais conservadores dirigentes, sem se preocupar com a ideologia que fundamentava tal conservadorismo; depois de formar, sobretudo na Ásia e na América Latina, aparelhos policiais e de segurança dos mais repressivos, eis que a grande democracia americana se perguntava se, naquele momento, não seria boa ideia, finalmente, propor o jogo da democracia.

Mas a bela ideia rapidamente caiu no esquecimento: após umas três rodadas pouco convincentes, o país de Abraham Lincoln chegou à conclusão de que tudo isso era arriscado demais, com os ressentimentos já tão acirrados que as eleições livres levariam ao poder, praticamente em todo lugar, os elementos mais radicais, sendo melhor, então, manter as antigas maneiras de agir. A democracia teria de esperar.

7

Nos meses que precederam a invasão do Iraque, o secretário de Estado, Colin Powell, muitas vezes se viu na mais desconfortável situação, tendo de convencer o mundo inteiro de que a guerra devia absolutamente ser iniciada, mas, ao mesmo tempo, fazendo malabarismos para convencer seu próprio presidente a não tomar essa decisão.

Durante um encontro a dois, na Casa Branca, em 13 de janeiro de 2003, o secretário teria dito ao presidente, como um aviso: *"You break it, you own it."* Era a regra que algumas lojas antigamente aplicavam, avisando ao cliente que, se quebrasse um objeto, devia pagar por ele como se o tivesse comprado. "Se você quebra, ele é seu." E Powell explicitou o raciocínio ao presidente Bush nos seguintes termos: "Você será o felizardo detentor de 25 milhões de pessoas. Deterá todas as suas esperanças, todas as suas aspirações e todos os seus problemas. Tudo isso passará a ser seu!"

O aviso de Colin Powell não era judicioso apenas para os que se preparavam a quebrar o Iraque. Com uma frase de impacto, aquele filho de imigrantes jamaicanos que se tornara chefe das forças armadas americanas e, depois, chefe da diplomacia definiu a responsabilidade histórica dos vencedores e pôs o dedo no dilema secular das potências ocidentais: assim que estabeleceram sua hegemonia sobre a totalidade do planeta, demolindo as estruturas políticas, sociais e culturais existentes, tornaram-se moralmente responsáveis pelo futuro dos povos conquistados e deveriam seriamente refletir sobre a maneira de se comportar com eles. Podiam, de fato, pouco a pouco, recebê-los em seu seio, como filhos adotivos, aplicando as mesmas leis existentes na metrópole, ou simplesmente amestrá-los, submetê-los e esmagá-los.

A criança sabe distinguir a mãe adotiva da madrasta. Os povos sabem distinguir os libertadores dos invasores.

De modo contrário à ideia feita, o erro secular das potências europeias não foi o de querer impor valores ao restante do mundo, mas exatamente o contrário: ter constantemente deixado de respeitar os próprios valores nas relações com os povos dominados. Enquanto não se corrigir esse equívoco, corre-se o risco de uma nova queda no mesmo obstáculo.

O primeiro desses valores é a universalidade, a consciência de que a humanidade é una. Diversa, mas una. A partir disso, é um erro imperdoável transigir com os princípios fundamentais, sob o eterno pretexto de que os outros não estão preparados para adotá-los. Não existem direitos humanos específicos para a Europa e outros direitos humanos para a África, a Ásia e o mundo muçulmano. Povo algum na face da Terra foi feito para a escravidão, para a tirania, para a arbitrariedade, para a ignorância, para o obscurantismo ou para a sujeição das mulheres. Sempre que essa verdade básica é deixada de lado, estamos traindo a humanidade e traindo a nós mesmos.

Eu estava em Praga, em dezembro de 1989, quando começaram as manifestações contra Ceausescu, em Bucareste. Na capital tcheca, recém-libertada pela "revolução de veludo", houve um imediato e espontâneo movimento de solidariedade com o povo romeno. Num cartaz perto da catedral, alguém havia escrito em inglês: "Ceausescu, seu lugar não é na Europa!" Era legítima a raiva do anônimo que escreveu a frase, mas eu fiquei chocado com a formulação. Minha vontade era a de perguntar em qual continente um ditador encontraria seu lugar.

O que aquela pessoa ingenuamente exprimiu é uma atitude muito difundida, infelizmente. Um ditador pode não ser mais tolerável na Europa, mas com ele é possível conviver se suas atividades forem exercidas do outro lado do Mediterrâneo. Que marca de respeito pelos outros há nisso? Respeito pelos ditadores, certamente, mas, ao mesmo tempo, desprezo pelos povos que os aceitam, assim como pelos valores que as democracias, em tese, defendem.

Mas não seria esta a única atitude realista?, perguntariam alguns. Não creio. Essa má ação sequer é um bom negócio. Para o Ocidente, comprometer sua credibilidade moral significa comprometer seu lugar no mundo, comprometer a prazo sua segurança, sua estabilidade e sua prosperidade. Ontem ainda se acreditava possível fazer essas coisas impunemente; hoje, sabe-se que tudo isso se paga, inclusive as contas mais antigas. O prazo de prescrição é uma invenção de juristas e, na memória dos povos, a prescrição não existe. Ou, sendo mais preciso: os povos que se livram — que conseguem escapar da pobreza, do rebaixamento, da marginalização — acabam perdoando, sem, contudo, perder completamente suas desconfianças; os que não se livram, ruminam infinitamente suas mágoas.

Tudo isso me leva mais uma vez a colocar a pergunta crucial: as potências ocidentais de fato tentaram implantar seus valores em suas antigas possessões? Infelizmente, não. Nem na Índia nem na Argélia, tampouco em outros lugares, nunca se aceitou que os "nativos" sob o seu controle defendessem a liberdade, a igualdade, a democracia, a livre iniciativa ou o estado de direito; inclusive constantemente eles foram reprimidos quando reivindicaram.

De tal forma que as elites dos países colonizados não tiveram alternativa senão a de se apoderar daqueles valores, contra a vontade do colonizador, voltando-os contra ele.

Uma observação serena e detalhada da era colonial mostraria que, entre os europeus, sempre houve alguns seres excepcionais — funcionários, militares, missionários, intelectuais e exploradores, como Savorgnan de Brazza —, de comportamento generoso, equânime, às vezes heroico e certamente em conformidade com os preceitos de sua fé, assim como com os ideais de sua civilização. E os colonizados com frequência guardam essa lembrança, o que provavelmente explica o fato de os congoleses não terem desbatizado Brazzaville.

Mas foi uma exceção. Como regra geral, a política das potências era sobretudo imposta por empresas vorazes, por colonos agarrados a seus privilégios e qualquer avanço por parte dos "nativos" era para eles assustador. Se por acaso algum administrador de origem europeia propusesse outra política, procurariam influenciá-lo, corrompê-lo ou intimidá-lo. Se, porventura, insistisse, podia ser afastado e aconteceu inclusive de um funcionário considerado idealista demais ser misteriosamente assassinado. Foi muito provavelmente o caso de Brazza...

Muitas vezes se ouve dizer que, nos países do Sul, o Ocidente se alienou "até mesmo" das elites mais modernistas. É uma formulação tão incompleta que se torna enganadora. Acho que, na verdade, seria preciso dizer que o Ocidente se alienou "sobretudo" das elites modernistas, e constantemente fez acordos, criou áreas de entendimento e de convergência de interesses com as forças retrógradas.

Seu drama, tanto hoje quanto ontem e desde sempre, é que o Ocidente constantemente esteve dividido entre a vontade de civilizar o mundo e a de dominá-lo — duas exigências inconciliáveis. Em todo lugar, os mais nobres princípios eram anunciados, mas evitava-se com muito cuidado sua aplicação nos territórios conquistados.

Não se tratava de uma banal inadequação entre os princípios políticos e sua aplicação *in loco*, mas sim do sistemático abandono dos ideais proclamados, algo que teve como resultado uma arraigada desconfiança por parte das elites asiáticas, africanas, árabes e latino-americanas, e muito precisamente daqueles elementos que mais acreditavam nos valores do Ocidente, que haviam adotado os princípios de igualdade diante da lei, assim como os de liberdade de expressão e de associação. Essas elites modernistas é que formulavam as reivindicações mais audaciosas e inevitavelmente se decepcionavam e caíam no ressentimento, enquanto os elementos tradicionalistas se acomodavam com mais facilidade com o autoritarismo colonial.

Esse encontro frustrado hoje revela seu custo extremamente caro. Caro para o Ocidente, que se vê sem seus pontos de ligação naturais com os países do Sul; caro para os povos do Oriente, que se veem sem a sua frente modernizadora, que poderia ter construído sociedades de liberdade e de democracia; e caro, sobretudo, para essas frentes propriamente, para os povos fronteiriços, para as nações híbridas, para todos aqueles que, nos países do Sul, traziam as marcas do Ocidente, como também para aqueles que, imigrando para o Norte, traziam as marcas do Sul. Todos aqueles, enfim, que, em época melhor, poderiam idealmente assumir o papel de intermediadores e, no presente, são as principais vítimas.

8

Quem quer que perceba, no que digo, a mágoa de alguém da minoria oriental não está totalmente enganado. De fato, eu pertenço a essa espécie em vias de aniquilamento e, até o último suspiro, não vou poder considerar normal a emergência de um mundo em que comunidades milenares, guardiãs das mais antigas civilizações humanas, são obrigadas a fazer as malas e abandonar o território ancestral para ter abrigo sob um teto longínquo.

É natural que as vítimas se sintam abaladas, é preocupante que sejam as únicas a assim se sentirem. O problema das minorias não é um problema apenas para os minoritários. O que está em questão não é apenas, se posso assim dizer, o destino de alguns milhões de pessoas. O que está em questão é a razão de ser e a finalidade de nossa civilização. Se, no final de sua longa evolução material e moral, ela chega a semelhante "purificação" étnica e religiosa, é porque, decididamente, pegou o caminho errado.

Para toda sociedade e para a humanidade como um todo, o destino das minorias não pode ser um dossiê entre outros: junto com o tratamento que se dá às mulheres, é um dos indicadores mais exatos do grau de avanço moral ou de regressão. Um mundo em que se respeita, cada dia um pouco mais, a diversidade humana, em que qualquer pessoa pode exprimir-se na língua que escolheu, ou tranquilamente professar sua fé e serenamente assumir suas origens, sem incorrer em hostilidade nem em descrédito, tanto por parte das autoridades quanto da população, é um mundo que avança, que progride, que se eleva. Pelo contrário, quando prevalecem as tensões identitárias, como é o caso, atualmente, da maioria dos países, tanto no Norte do planeta quanto no Sul, quando a cada dia se torna mais difícil manter seus costumes com serenidade, praticar livremente a sua língua ou a sua fé, como não falar em regressão?

No decorrer de 2007, eu me preocupei particularmente com os perigos que corria uma pequena minoria, tragada pela tormenta e ameaçada de extinção no curto prazo. Refiro-me aos mandeus, também chamados sabeus, uma comunidade tão reduzida, tão discreta e tão modesta que poucas pessoas fora do Iraque sabiam de sua existência.

Eu próprio ouvira esse nome, pela primeira vez, em 1988, fazendo pesquisas sobre Mani, o fundador do maniqueísmo, um personagem surpreendente que

AMIN MAALOUF **70** *O Mundo em Desajuste*

viveu na Mesopotâmia, no século III da nossa era. Tentando me documentar sobre sua juventude e a gênese de sua doutrina, descobri que ele tinha passado os primeiros anos da vida com o pai, num palmeiral à beira do Tigre, ao sul da atual Bagdá, numa comunidade gnóstica que venerava São João Batista e praticava, seguindo seu exemplo, rituais de imersão. Descobri então, encantado, que a singular comunidade, que talvez se imaginasse desaparecida há séculos, sobrevivia ainda, no mesmo lugar ou quase, praticando os mesmos batismos, no mesmo rio. Por qual milagre? Não tenho como dizer. Uma parcela da explicação se encontra num trecho do Corão, que, conferindo status especial aos "povos do Livro", como os judeus, os cristãos e os zoroastrianos, também menciona os sabeus — em árabe, *al-sabi'a*, uma denominação que parece vir de uma raiz semita que, justamente, evoca a ideia de imersão. Graças a esse reconhecimento, a comunidade pôde, bem ou mal, atravessar os 14 últimos séculos. O que nunca foi fácil: no máximo, tolerada, ela com frequência precisou manter a discrição, coisa que, aliás, nem sempre bastou para evitar as perseguições episódicas, nem as humilhações cotidianas.

Durante todo esse período, aqueles homens reivindicavam a denominação "sabeus", que lembrava aos vizinhos muçulmanos a menção corânica e, ao mesmo tempo, "mandeus", originado noutra raiz semita, evocando a noção de "conhecimento" — equivalente à *gnosis* dos gregos. Com essa dupla denominação, eles puderam manter tanto a fé quanto a coesão da comunidade; além disso, e apesar de se sentirem no dever de escrever e falar em árabe, eles preservaram a língua materna, que os especialistas chamam "mandaico" e que é uma variação do aramaico — apresentando, inclusive, ao que parece, alguns vocábulos de origem suméria. Uma língua que possui, diga-se de passagem, uma literatura pouco conhecida.

Que essa última comunidade gnóstica tenha conseguido sobreviver até a nossa época nunca deixou, há 20 anos, de me impressionar e comover. É mais ou menos como se houvesse, nos dias de hoje, no sul da França, algum vale de difícil acesso em que se tivesse refugiado uma comunidade cátara, tendo milagrosamente sobrevivido às guerras santas e às perseguições habituais, praticando ainda seus rituais na língua d'Oc.

Não foi por acaso que peguei esse exemplo. Quando procuramos conhecer as origens do catarismo e de outros movimentos de inspiração maniqueísta que se espalharam pela Europa, entre os séculos X e XIII, como os bogomilas da Bulgária e da Bósnia, ou os patarinos da Itália, encontramos a fonte inicial na Mesopotâmia, no século III, naquele palmeiral da margem do Tigre, onde se elaborou a doutrina de Mani.

Pode-se facilmente imaginar minha indignação ao saber, no início de março de 2007, que os mandeus estavam então ameaçados de extermínio porque passavam, como todos os iraquianos, pela loucura assassina que se abatia sobre o país, e também porque, no inaudito desencadear do fanatismo religioso, nem mesmo a "licença corânica" os protegia mais. Diligentes predicadores queriam negar-lhes o status que o livro santo do islã claramente concedia. Em Fallujah, suas famílias, assustadas, estavam sendo convertidas à força, com a faca na garganta. Em Bagdá, como no restante do país, os mandeus foram despedidos de seus empregos, expulsos de suas casas e suas lojas haviam sido saqueadas. Um dos representantes da minoria me escreveu: "Atravessamos mil provações, mas esta talvez seja fatal. Estamos ameaçados de extinção em curtíssimo prazo." O número deles, que já não era enorme, caiu ainda mais: em 2002, deviam totalizar, em todo o Iraque, uma população de cerca de 30 mil pessoas; quatro anos mais tarde, não eram mais do que 6 mil. A comunidade foi dispersada, perseguida, tomada pelo desespero. Em lugar algum podia ainda se reunir nem exercer o culto; os que sobreviviam sequer sabiam onde enterrar seus mortos.

Algumas pessoas, finalmente, se mobilizaram em ajuda. Uma ação discreta pôde ser empreendida, permitindo à maioria das famílias encontrar um lugar de asilo — principalmente na Suécia. Mas a comunidade tem poucas chances de sobreviver como tal. Dentro de alguns anos, sua língua não será mais falada e seus rituais não passarão de simulacro. Uma cultura milenar terá desaparecido debaixo de nossos olhos, com total indiferença.

Se eu quis evocar o caso dos mandeus foi porque a tragédia deles me parece revelar o desnorteamento em que se encontra nossa civilização. O fato de aquela comunidade ter atravessado tantos séculos para vir se extinguir à nossa frente claramente indica a barbárie da nossa época, particularmente a dos dois universos culturais a que pertenço, ou seja, o mundo árabe e o Ocidente.

O primeiro parece incapaz de tolerar hoje o que tolerava há 50, 100 ou até 1.000 anos. Alguns livros publicados no Cairo por volta de 1930 são agora proibidos por impiedade; alguns debates que ocorreram em Bagdá no século IX, na presença do califa abássida, sobre a natureza do Corão, seriam atualmente impensáveis em qualquer cidade muçulmana, mesmo dentro de uma universidade. Quando me lembro de que um dos maiores poetas clássicos da língua árabe é universalmente conhecido pelo apelido de al-Mutanabbi, literalmente "aquele-que-se-diz-profeta", porque quando era jovem percorria o Iraque e a Arábia, alardeando essas duas pretensões! Naquele tempo, no século X, a coisa fazia com que dessem de ombros, com ironias e olhos arregalados, mas os fiéis não deixavam de ouvir o poeta e de admirar seu talento. Nos dias de hoje, ele seria linchado e decapitado sem maiores questionamentos.

No Ocidente, a barbárie não é feita de intolerância e de obscurantismo, mas sim de arrogância e de insensibilidade. O exército americano corre de um lado para o outro da antiga Mesopotâmia, como um hipopótamo num campo de tulipas. Em nome da liberdade, da democracia, da legítima defesa e dos direitos humanos, ele maltrata, demole e mata. Setecentos mil mortos depois, se retira, com um vago pedido de desculpa. Quase 1 trilhão de dólares foi gasto, ou, segundo certas estimativas, duas ou três vezes mais do que isso, e o país invadido está mais pobre do que antes. Quis-se combater o terrorismo, e ele se mostra mais ativo do que nunca. A fé cristã do presidente Bush foi exibida como estandarte e agora cada cruz de igreja é suspeita de colaboração. Pretendeu-se instaurar a democracia, mas de tal maneira que a própria noção se tornou por muito tempo desconsiderada.

A América vai se recuperar do trauma iraquiano. O Iraque não se recuperará do trauma americano; suas comunidades mais numerosas terão ainda centenas de milhares de mortos; suas comunidades mais fracas nunca voltarão a ter seu lugar; não apenas os mandeus ou os yazidis, mas também os assírio-caldeus, cujo nome já basta para evocar momentos maravilhosos de nossa grande aventura humana. No presente, o destino de todas essas minorias está traçado; na melhor das hipóteses, elas terminarão seu percurso histórico em alguma terra distante de asilo; na pior, serão aniquiladas no local mesmo, esmagadas pelos maxilares desiguais da barbárie de hoje.

9

Contemplamos os tempos antigos com uma condescendência que, considerando nosso comportamento atual, não se justifica. O século recém-terminado, sem dúvida, passou por avanços formidáveis; muitos de nós podem viver melhor e por mais tempo; temos à nossa disposição instrumentos — e também remédios — que poucas décadas antes pareceriam vir do campo da ficção científica, se é que não seriam absolutamente inconcebíveis. Mas esse mesmo século conheceu iniciativas totalitárias bem mais temíveis que as tiranias antigas e produziu armas que, pela primeira vez na História, são capazes de destruir todo vestígio de civilização na face da Terra.

Isso significa que a humanidade progrediu no plano material, e não no plano moral? Seria inexato afirmar isso. É claro que não há como negar que avançamos no decorrer do século XX sob todos os aspectos, ao mesmo tempo, mas não no mesmo ritmo. A aquisição de conhecimentos, o desenvolvimento das ciências, em suas adaptações tecnológicas civil e militar, a produção e a difusão de riquezas; em todas essas áreas, a evolução foi ascendente e acelerada, mas, no que se refere às mentalidades e aos comportamentos humanos, o progresso foi errático e, de modo geral, inadequado, tragicamente inadequado.

Esse último qualificativo é o que melhor descreve a provação por que passamos atualmente. A questão pertinente não é a de saber se nossas mentalidades e comportamentos progrediram em comparação aos de nossos antepassados; é a de saber se evoluíram o suficiente para que possamos enfrentar os gigantescos desafios do mundo atual.

Um exemplo entre muitos é o do meio ambiente, da poluição atmosférica e das mudanças climáticas. Houve, nesse vasto domínio ao qual antigamente não se dava importância, uma notável tomada de consciência, certamente menos pronunciada em certos países, mas real e até mesmo espetacular. Em poucas décadas, medidas eficazes foram tomadas, hábitos ancestrais se modificaram. Quando se pensa que em Londres, no início de dezembro de 1952, o *smog* — mistura de *smoke*, fumaça, e *fog*, neblina — provocou em cinco dias a morte de 12 mil pessoas, pode-se avaliar o caminho percorrido. Na maioria das nações industrializadas, as autoridades agora se preocupam em tornar as fábricas menos poluentes e proíbem que se instalem na vizinhança das grandes aglomerações. Prática saudável que se tem estendido, desde o fim da

As vitórias enganadoras 77

Guerra Fria, aos "ex-países do Leste", que até então apresentavam balanços desastrosos nessa matéria.

É um progresso do qual nos podemos felicitar, mas não basta para afastar de vez nossos temores atuais. Com o planeta sofrendo, dada a emissão de gás carbônico, um aquecimento que se acelera e que pode se revelar calamitoso para as gerações futuras, a pergunta correta não é mais: "Será que nosso comportamento nesse campo é melhor do que o dos nossos pais e dos nossos avós?", pergunta à qual a resposta seria indiscutivelmente positiva, mas: "Será que nosso comportamento nesse campo permitirá afastar a ameaça mortal que pesa sobre nossos filhos e nossos netos?"

É óbvio que a resposta à primeira pergunta não tem como nos tranquilizar se a resposta à segunda for negativa — algo que, no momento em que escrevo estas linhas, não pode ser deixado de lado, pois, se quisermos diminuir significativamente a emissão de gás carbônico na atmosfera, será preciso que os povos mais ricos e mais poderosos, sobretudo os americanos, os europeus e os japoneses, aceitem modificar profundamente seus hábitos de consumo, e que as grandes nações do Sul, sobretudo os chineses e os indianos, que muito recentemente acabam de levantar voo, do ponto de vista econômico, aceitem frear seu crescimento.

Para que se possam aplicar medidas tão constrangedoras e que exigem pesados sacrifícios por parte de cada nação, de cada cidadão, será preciso dar um formidável salto de solidariedade planetária — e, até o momento, há poucos indícios concretos que a anunciem para o futuro próximo.

É essa mesma inadequação que observa quem tenta enfrentar os desafios propostos pela diversidade humana.

Na nossa época, com cada cultura se confrontando cotidianamente com as demais, com cada identidade tendo a necessidade de se afirmar com virulência, com cada país, cada cidade, precisando organizar em seu interior uma delicada coabitação, a questão não é a de saber se nossos preconceitos religiosos, étnicos e culturais são mais fortes ou mais fracos do que os das gerações anteriores, mas de saber se conseguiremos impedir que nossas sociedades se percam na direção da violência, do fanatismo e do caos.

É o que se passa em inúmeras regiões do mundo, e o exemplo das minorias iraquianas e do Oriente Médio não é único, apesar de constituir, nestes primeiros anos do século, a lição mais reveladora. Se nos revelarmos incapazes de assegurar a sobrevivência dessas comunidades milenares, é porque nossa gestão da diversidade é manifestamente deficiente e inadequada.

Isso significa que antigamente éramos mais ajuizados, mais cuidadosos, mais tolerantes, mais magnânimos ou mais competentes? Não creio nisso. Basta consultar alguns livros de história para constatar ter sempre havido monarcas ávidos por sangue, sátrapas saqueadores, invasões devastadoras, *pogroms*, massacres,

As vitórias enganadoras

assim como monstruosas tentativas de extermínio. Se algumas comunidades, mesmo assim, sobreviveram, século após século, foi porque o destino delas estava ligado principalmente a peripécias locais e não constantemente afetado por todos os acontecimentos do planeta.

Quando um incidente grave acontecia num vilarejo, muitas vezes semanas eram necessárias para que o restante da região ouvisse falar dele, o que limitava suas repercussões. Hoje, é o contrário que se passa. Uma declaração inábil, pronunciada ao meio-dia, pode servir de pretexto para uma matança na mesma noite e a 10 mil quilômetros de distância. Pode, inclusive, um boato, espalhado por má-fé ou por equívoco, dar início a hostilidades. Quando se descobre a verdade, já é tarde demais, os cadáveres atravancam as ruas. Penso em acontecimentos precisos, ocorridos nos últimos anos, não somente no Iraque, mas também na Indonésia, no Egito, no Líbano, na Índia, na Nigéria, em Ruanda, assim como no território da ex-Iugoslávia.

Não seria essa uma consequência normal da evolução do mundo?, retrucariam alguns. Sim e não. A maior exposição dos homens e dos conflitos é de fato a consequência normal dos progressos nos meios de comunicação. O que temos o direito de lamentar, e de denunciar, é que esse avanço tecnológico não tenha trazido ao mesmo tempo uma tomada de consciência, permitindo a preservação de populações assim projetadas, contra a sua vontade, no tumulto da História.

O que está em causa é o abismo aberto entre nossa rápida evolução material, que diariamente cada vez mais nos expõe, e a exageradamente lenta evolução moral, que não nos deixa enfrentar as consequências trágicas dessa exposição. É claro, a evolução material não pode nem deve ser retardada. É a evolução moral que deve consideravelmente se acelerar e acompanhar, com toda urgência, o nível da evolução tecnológica, o que exige uma verdadeira revolução nos comportamentos.

Mais adiante, voltarei de forma mais demorada à gestão da diversidade, assim como às perturbações climáticas e a nossos dilemas nessas áreas cruciais. Gostaria, neste momento, de salientar as turbulências na esfera econômica e financeira, em que se pode constatar a mesma inadequação entre a dimensão dos problemas que nos afetam e nossa fraca capacidade para resolvê-los.

Mais uma vez, se fosse o caso de saber se conseguimos, melhor do que no passado, nos pôr em acordo, pensar juntos e mobilizar fundos de urgência, a resposta seria com certeza positiva; assim que uma crise tem início, medidas são tomadas, cuja eficácia e orientação podem ser contestadas, mas que, em geral, permitem que se imponha alguma ordem.

No entanto, por mais que se confie nos dirigentes que se reúnem a dois, a sete, a oito ou a 20, dispondo de uma quantidade de conselheiros competentes,

As vitórias enganadoras

dando declarações coletivas tranquilizadoras, é preciso admitir que depois de cada abalo vêm abalos mais graves. Isso leva a crer que a resposta dada ao abalo anterior não havia sido adequada.

No final de algumas "recaídas", chega-se naturalmente a achar que a inadequação não é causada por erros de apreciação, mas sim pelo fato de o sistema econômico global ser cada vez menos "pilotável". Uma falha que não se justifica por um motivo único, mas que pode parcialmente se explicar por aquela característica de nossa época, observável em várias outras áreas, ou seja, a de que os problemas não se resolvem se não forem pensados globalmente, como se formássemos uma vasta nação plural. Entretanto, contrariando essa ideia, nossas estruturas políticas, jurídicas e mentais nos obrigam ainda a pensar e a agir em função de nossos interesses específicos — de nossos Estados, de nossos eleitores, de nossas empresas, de nossas finanças nacionais. Todo governo é levado a acreditar que o que é bom para ele é bom para os outros. E, mesmo que tenha suficiente lucidez para saber que isso nem sempre é o caso, ainda que esteja convencido de que algumas políticas suas — protecionismo, emissão maciça de moeda, ordenações discriminatórias ou "manipulação" de divisas — têm consequências negativas para o restante do mundo, ele fará o que puder para sair do marasmo. O único limite para o "sagrado egoísmo" das nações é mesmo a necessidade de evitar que o sistema inteiro afunde.

De certa maneira, é este o novo equilíbrio do terror que se estabeleceu, sobretudo entre os chineses e os americanos — "se procurar me arruinar, vou levá-lo junto na queda". É um jogo perigoso, que deixa o planeta à mercê de uma eventual derrapada, de maneira alguma podendo substituir a verdadeira solidariedade.

Igualmente preocupante é o fato de as turbulências econômicas que observamos nos dias de hoje terem origem nos múltiplos desajustes que afetam o mundo e se situam tanto dentro quanto fora dessa esfera. Assim, ao lado dos dados que permitem a previsão de diminuição de atividade em determinado ano, com a retomada no outro ano, existem muitos outros fatores cujos efeitos não podem ser convenientemente antecipados.

A título de exemplo, as flutuações exageradas do preço dos combustíveis em parte se devem à especulação, mas igualmente dependem das crescentes necessidades das grandes nações do Sul, das incertezas políticas nas zonas de produção e de trânsito, tais como o Oriente Médio, a Nigéria, o Saara, o mar Vermelho e os territórios da ex-União Soviética, como também de vários outros fatores. Se quisermos controlar essas flutuações para impedir que perturbem os grandes equilíbrios econômicos, provavelmente seria necessário que algumas disposições fossem tomadas, no plano global, para desencorajar os especuladores.

As vitórias enganadoras 83

Mas seria preciso também chegar a uma gestão acordada e equitativa dos recursos do planeta, seria preciso modificar certos hábitos de produção e de consumo, superar os traumas da Guerra Fria, para que relações mais serenas se estabeleçam entre a Rússia e o Ocidente e para que soluções sustentáveis sejam encontradas, para os diversos conflitos regionais etc. Pode-se medir a dimensão da tarefa, que exige um alto grau de solidariedade ativa entre as nações e só poderia se confirmar em décadas, enquanto as perturbações já nos atingem nos dias de hoje mesmo.

Assim que determinado governo procura resolver um problema, encontra-o ligado a cem outros, que se remetem a áreas diferentes e escapam de sua competência. Quer lute contra a recessão, a inflação, o desemprego ou contra a poluição, a droga, as pandemias, ou ainda contra a violência urbana, ele inevitavelmente se defronta com todo tipo de problemas — geopolíticos, sociológicos, sanitários, culturais ou morais —, que vêm de todos os cantos do planeta. Problemas que ele precisa absolutamente resolver se quiser ter uma chance de sucesso, mas sobre os quais não tem qualquer influência, ou pouquíssima.

Em matéria de economia, por muito tempo se admitiu como verdade carregada de bom-senso que, se cada um agisse de acordo com o próprio interesse, a soma dessas ações seria benéfica ao interesse coletivo. O egoísmo, então, paradoxalmente era a forma realista do altruísmo. "Dediquem-se a aumentar sua riqueza e, mesmo sem querer, estarão aumentando a riqueza de todos." Adam Smith falava, no século XVIII, de uma "mão invisível" que providencialmente se encarregava de harmonizar a máquina econômica, sem que autoridade alguma precisasse intervir. Uma visão extremamente controversa, como se pode imaginar, mas que não pode ser afastada com desdém, uma vez que serviu de base ao sistema econômico mais eficaz da história humana.

Resta saber se essa "mão invisível" ainda seria operacional em nossos dias; se é capaz de "lubrificar" uma economia de mercado de dimensão planetária, misturando sociedades com leis diversas, com personagens inumeráveis, imprevisíveis e onipresentes, assim como conseguiu, no passado, em certos países do Ocidente. Em todo caso, é provável que "mão invisível" alguma possa impedir que a crescente riqueza das nações pese esmagadoramente sobre os recursos da Terra e polua a atmosfera, mas também não há garantia alguma de que as mãos visíveis dos governantes sejam capazes de administrar melhor nossas realidades globais.

A poucos anos de intervalo, assistimos ao descrédito de crenças opostas. Primeiro, foi o papel dos poderes públicos que passou a ser estigmatizado: na confusão da falência do sistema soviético, toda forma de dirigismo pareceu uma heresia, inclusive na visão

As vitórias enganadoras

de alguns socialistas. Achou-se, então, que as leis de mercado seriam naturalmente mais eficazes, mais sábias, mais racionais; considerou-se que tudo ou quase tudo podia ser privatizado: a saúde, as aposentadorias, as prisões e até — para o Pentágono neoconservador — uma boa parte do esforço de guerra; questionou-se, de maneira muitas vezes implícita, mas outras vezes bem explícita, a ideia de que o Estado tenha o dever de assegurar o bem-estar dos cidadãos; chegou-se, inclusive, a considerar que o princípio de igualdade é uma noção obsoleta, sobrevivente de uma era ultrapassada e que não há por que se envergonhar da exibição de disparidade das fortunas.

Mas o pêndulo foi longe demais, bateu num muro e, momentaneamente, vem de volta, no sentido contrário. Agora é a crença na infalibilidade do mercado que está sendo estigmatizada. Redescobrem-se virtudes na presença do Estado; praticam-se inclusive nacionalizações maciças, apesar de certa relutância em chamá-las por esse nome. As certezas constantemente alardeadas durante três décadas estão atualmente abaladas, faz-se um requestionamento radical que, de modo profundo, vai afetar as esferas política, social e econômica, provavelmente prosseguindo ainda mais além. De fato, como resolver uma crise financeira maior sem abordar a crise de confiança que a acompanha, os comportamentos que a causaram, a distorção na escala dos valores, a perda de credibilidade moral dos dirigentes, dos Estados, das companhias, das instituições e daqueles que deviam vigiá-los?

Uma das imagens mais fortes deste início de século foi a de Alan Greenspan, ex-diretor do Federal Reserve Board, depondo diante de uma comissão do Congresso, em outubro de 2008. Ao mesmo tempo que negava que as decisões por ele tomadas — ou nas quais se omitira —, em seus 18 anos de "reinado", poderiam ser responsáveis pelo cataclismo dos empréstimos hipotecários americanos e as turbulências planetárias resultantes, ele reconheceu se encontrar "em estado de choque e de incredulidade". Estava convencido, disse ele, de que nunca os órgãos administradores de empréstimos poderiam agir de maneira que comprometesse os interesses dos próprios acionistas. "Foi sobre esta base que calculamos os riscos, há décadas, mas todo esse edifício intelectual desabou no último verão."

Imagino que quem não confia na sabedoria imanente dos mecanismos do mercado tenha reagido com sarcasmo a esses argumentos. Mas o que Greenspan exprimia ali não era apenas a decepção de um conservador iludido. Seus remorsos me parecem significativos e até comoventes, por marcarem o fim de uma época em que os comportamentos dos personagens da economia tinham coerência, decência e obedeciam a certas regras; em que os dirigentes esbanjadores, predadores ou fraudulentos eram raros; em que se podia contar com o apoio de alguns valores seguros e reconhecer à primeira vista as empresas saudáveis.

Sem querer enfeitar os tempos passados, que tiveram sua cota de desvios de fundos e de crises, deve-se reconhecer que nunca houve outra época como a nossa, em que os responsáveis pelas economias nacionais não conseguem mais acompanhar as confusões acrobáticas dos ases das finanças e em que os operadores que movimentam bilhões não têm o menor conhecimento de economia política nem a menor preocupação com as repercussões de seus atos sobre as empresas, sobre os trabalhadores, nem sobre os próprios parentes e amigos, e isso sem mencionar o bem-estar coletivo.

Compreende-se facilmente que antigos especialistas se mostrem desabusados. Quer se inclinem para o intervencionismo ou prefiram deixar as coisas seguirem seu caminho, os "médicos da economia" constatam que suas mais experimentadas terapias apresentam resultados decepcionantes. É como se, a cada dia, se vissem diante de um paciente diferente daquele tratado na véspera.

10

Mas provavelmente esse é apenas um aspecto de um fenômeno mais amplo, mais complexo e que afeta todas as sociedades humanas, ricas e pobres, poderosas ou fracas, sem exceção alguma. Um fenômeno que às vezes ainda chamamos "aceleração da História", mas que vai muito além daquilo que assim se designava em obras do século passado. Talvez devêssemos recorrer a outra noção, refletindo melhor o ritmo das coisas do nosso tempo: "instantaneidade." Pois todos os acontecimentos do mundo se desenvolvem agora aos olhos da humanidade inteira, e em tempo real.

Não se trata mais apenas do movimento há muito impresso pela História, que precipitou a circulação das pessoas, das mercadorias, das imagens e das ideias, criando essa impressão de um mundo que se torna menor. A isso já nos havíamos acostumado. Mas a tendência se acentuou consideravelmente nos últimos anos do século XX; pode-se inclusive dizer que o fenômeno mudou de natureza com a difusão da

Internet, a generalização do correio eletrônico e a "trama" da World Wide Web, a onipresente "rede nas dimensões do mundo", assim como com o desenvolvimento de alguns outros meios de comunicação imediata, como o telefone celular, que estabeleceram entre os homens, sob todos os firmamentos, ligações instantâneas, abolindo distâncias, reduzindo a nada os prazos de reação, ampliando respostas aos acontecimentos etc. e, com isso, acelerando ainda mais os eventos.

É, sem dúvida, o que explicam as reviravoltas consideráveis, que, em outras épocas, teriam levado décadas a se propagar, mas que hoje precisam apenas de alguns anos ou mesmo de alguns meses para se desenvolver, tanto para o bem quanto para o mal. Ninguém há de se espantar que o primeiro exemplo que me tenha vindo ao espírito seja o desenraizamento, sob nossas vistas e em curto espaço de tempo, de culturas que haviam sobrevivido por séculos ou até milênios, mas podemos também pensar na derrocada da União Soviética, na expansão da União Europeia, no decolar da China e da Índia, na ascensão de Barack Obama e em mil outros acontecimentos fulgurantes ocorridos sob os mais diversos firmamentos e em todos os campos.

A toda evidência, o século XXI teve início num ambiente sensivelmente diferente de tudo que a humanidade conheceu antes. Uma evolução fascinante, mas perigosa. Para quem se interessa pelo caminhar do mundo, a Web, hoje, abre perspectivas ilimitadas; em vez de simplesmente lermos nosso jornal local, podemos consultar, em casa, tomando o café da manhã, a imprensa do mundo inteiro, sobretudo quem domina o inglês, tendo em vista que inúmeros jornais — alemães, japoneses, chineses, turcos, israelenses, iranianos, kuwaitianos, russos etc. — atualmente publicam uma edição on-line nessa língua. Pessoalmente, posso passar dias inteiros assim. Sem me cansar, sempre maravilhado e com a mesma sensação de realizar um sonho.

Em minha infância, no Líbano, toda manhã eu lia a imprensa local. Meu pai dirigia um jornal e, por cortesia, enviava a seus colegas um exemplar, e eles, por reciprocidade, lhe enviavam os seus próprios. "Em qual deles devemos acreditar?", perguntei-lhe um dia, indicando a pilha. Sem que interrompesse a leitura, a resposta foi: "Em nenhum e em todos. Nenhum trará toda a verdade, mas cada um apresenta a sua. Lendo todos e se tiver boa capacidade de discernimento, vai compreender o essencial." Com relação às rádios, meu pai fazia o mesmo. Primeiro a BBC, depois a rádio libanesa, depois o Cairo, em seguida os programas em árabe da rádio israelense; às vezes também Rádio-Damasco, Voice of America, Rádio-Amman, ou Rádio-Bagdá. Enquanto esvaziava a cafeteira, ele já ia se sentindo devidamente informado.

Muitas vezes, penso na alegria de meu pai se pudesse ter conhecido a nossa época. Não é preciso

As vitórias enganadoras

mais ser diretor de jornal para receber em casa, gratuitamente, toda a mídia de seu país e também a do planeta inteiro. Se quisermos ter uma visão pertinente, equilibrada e abrangente da realidade do mundo, temos tudo que é preciso na ponta dos dedos.

Mas nem todos os nossos contemporâneos fazem o mesmo uso dos instrumentos que se oferecem. Nem todos procuram formar uma opinião ponderada. Muitas vezes, é o obstáculo da língua que impede a diversificação da escuta, mas há também uma disposição do espírito, muito difundida em todas as nações, fazendo com que apenas uma pequena minoria tenha vontade de saber o que dizem "os outros"; muitos se contentam com a ladainha que agrada apenas aos próprios ouvidos.

Para cada pessoa que navega atenta entre um universo cultural e outro, para cada pessoa que tranquilamente passa do site da Al Jazeera para o do *Haaretz*, e do *Washington Post* para a agência de notícias iraniana, milhares só "visitam" os próprios compatriotas ou correligionários, só bebem em fontes familiares, buscando em suas telas apenas o conforto das certezas e a justificativa para seus ressentimentos.

Assim, esse formidável instrumento moderno, que deveria favorecer o acúmulo e as trocas harmoniosas entre as culturas, se torna um ponto de reunião e de mobilização para as "tribos" globais. Não por causa de alguma obscura maquinação, mas porque a

Internet, que é um acelerador e um amplificador, se desenvolveu num momento da História em que irrompiam as identidades, em que o "confronto das civilizações" se estabelecia, em que o universalismo se desfez, em que a natureza dos debates se corrompia, em que a violência passou a campear tanto através das palavras quanto dos atos, em que as referências comuns se perdiam.

Por isso, é significativo que esse avanço tecnológico maior, que sacudiu as relações entre os homens, tenha coincidido com um cataclismo estratégico de grande dimensão, isto é, o fim do confronto entre os dois grandes blocos planetários, a desintegração da União Soviética e do "campo socialista", a emergência de um mundo em que as clivagens identitárias assumiram a dianteira sobre as clivagens ideológicas e o advento de uma superpotência única que exerce, de fato, em toda a extensão do planeta, uma "soberania" mal aceita.

Releio às vezes um pequeno e denso texto publicado pelo historiador britânico Arnold Toynbee, em 1973, pouco antes de morrer. Lançando um olhar global à trajetória da humanidade, à qual ele havia dedicado um estudo magistral, em 12 volumes, *A Study of History*, Toynbee distinguiu três fases.

No decorrer da primeira, que corresponde, *grosso modo*, à Pré-História, a vida dos homens era em todos os lugares uniforme, pois, "por mais lentas que fossem as comunicações, o ritmo da mudança era mais lento ainda"; toda inovação tinha tempo de se transmitir a todas as sociedades, antes que outra inovação aparecesse.

No decorrer da segunda fase, que teria, segundo ele, durado cerca de quatro milênios e meio, do final da Pré-História até o ano 1500 da nossa era, a mudança foi mais rápida do que a transmissão, de forma que as sociedades humanas ficaram fortemente diferenciadas. Foi nessa fase que nasceram as religiões, as etnias e as civilizações distintas.

Desde o século XVI, enfim, "porque a aceleração do ritmo da mudança foi ultrapassada pela aceleração da velocidade das comunicações", nosso "hábitat" começou a se unificar, pelo menos tecnológica e economicamente — mas "não ainda no plano político", observou Toynbee.

Essa abordagem tem o mesmo valor que qualquer outra sistematização; cada termo, examinado de perto, gera críticas, mas a visão de conjunto é estimulante para o espírito. Sobretudo se a considerarmos à luz das últimas décadas. Nelas, a aceleração foi vertiginosa, brutal e obrigatoriamente traumática. Sociedades que, ao longo da sua história, seguiram vias diferentes, desenvolveram suas crenças, suas línguas, suas tradições, seus sentimentos de filiação, seu orgulho próprio, se viram projetadas num mundo em que as identidades autônomas foram sacudidas, erodidas e pareceram estar ameaçadas.

A reação às vezes foi violenta e desordenada, como a de alguém que se afoga, com a cabeça já dentro d'água, mas se debatendo sem esperança nem discernimento, disposto a levar consigo para o abismo qualquer um que suas mãos puderem agarrar, sejam salvadores ou agressores.

Desde o término da Guerra Fria, no final dos anos 1980, a evolução descrita por Toynbee, na direção de uma civilização humana integrada, transcorre em cadência bem diferente e num ambiente estratégico sensivelmente transformado.

Um governo, o dos Estados Unidos da América, se investiu, na prática, do papel de autoridade planetária. Seu sistema de valores se tornou a norma universal, seu exército se tornou a polícia global, seus aliados se tornaram vassalos e os inimigos, fora da lei. Uma situação sem precedentes na História. É claro que já houve, no passado, potências que, em seu apogeu, conseguiram primazia e, tal como o Império Romano, dominaram o mundo conhecido ou se estenderam por extensões, a ponto, dizia-se, de o sol "jamais deixar de brilhar" em seus territórios, como, por exemplo, o Império Espanhol no século XVI, ou o Império Britânico, no XIX. Mas nenhum, até então, dispusera de meios técnicos que lhe permitissem intervir à vontade por toda a superfície do globo e também pôr obstáculo à emergência de potências rivais.

As vitórias enganadoras 95

Esse processo, que poderia se estender por várias gerações, se interrompeu em alguns breves anos, sob nossas vistas espantadas. O mundo inteiro se tornou, presentemente, um espaço político unificado. A "terceira fase" de Toynbee se interrompeu de maneira brusca, prematura; uma quarta se abriu e se anuncia tumultuada, desconcertante e iminentemente perigosa.

Subitamente, coloca-se, pela primeira vez na História, a pergunta do poder e de sua legitimidade no nível planetário. Mesmo que esse fato essencial raramente seja evocado dessa maneira, ele está com frequência presente no não dito, nas recriminações e no centro dos conflitos mais rudes.

Para que os diferentes povos aceitem a autoridade de alguma espécie de "governo global", é preciso que ele tenha conseguido, aos olhos de todos, uma legitimidade além daquela que o poderio econômico ou militar confere. E, para que as identidades particulares possam se fundir numa identidade mais ampla, para que as civilizações particulares possam se inserir numa civilização planetária, é imperativo que o processo transcorra num contexto de equidade ou pelo menos de respeito mútuo e de dignidade compartilhada.

Propositalmente, misturei, nas últimas frases, diferentes aspectos. Não podemos compreender a realidade do mundo de hoje se não tivermos no espírito, constantemente, todas as facetas, ao mesmo tempo. A partir do momento em que existe uma civilização predominante, carregada pela única superpotência planetária, transcender as civilizações e as nações não pode mais se passar de modo tranquilo. As populações que se sentem ameaçadas de aniquilamento cultural ou de marginalização política obrigatoriamente dão ouvidos aos que fazem apelo à resistência e ao confronto violento.

Enquanto os Estados Unidos não persuadirem o restante do mundo da legitimidade moral de sua preeminência, a humanidade permanecerá em estado de sítio.

1

Ao escrever estas linhas, uma imagem me veio à mente, trivial e, ao mesmo tempo, inesquecível: a de uma seção eleitoral na Flórida, na eleição presidencial americana de novembro de 2000. Um fiscal examina uma cédula, na contraluz, para determinar, em função do pontilhado e das dobras da folha para qual candidato iria o voto, Al Gore ou George W. Bush.

Como milhões de pessoas no mundo inteiro, eu estava preso àquela análise minuciosa e à disputa jurídica que a acompanhava. Mais ou menos, é verdade, por curiosidade de telespectador diante de uma novela política palpitante, mas, sobretudo, porque, naquelas eleições, era o meu futuro e o dos meus que estavam em jogo. Naquela época, eu já pressentia, e hoje, tenho certeza, que aquele voto na Flórida mudaria o curso da História no meu país natal, o Líbano.

Espontaneamente, citei esse exemplo em primeiro lugar por me concernir de perto; poderia ter começado com muitos outros, mais amplos e cujas implicações para o conjunto do planeta parecem mais evidentes. É claro, é razoável achar que os atentados do 11 de Setembro de 2001 teriam, da mesma maneira, acontecido se Al Gore estivesse na Casa Branca, no lugar de George W. Bush, mas é igualmente razoável achar que a reação de Washington não seria a mesma. Ter-se-ia, obrigatoriamente, aberto uma "guerra contra o terror", mas com outras prioridades, outros slogans, outros métodos, outras coalizões. É provável que com menor determinação, mas também menores tropeços. O presidente não teria falado de "cruzada" nem de "eixo do Mal", e não haveria envio de prisioneiros a Guantánamo. A guerra do Iraque certamente não teria acontecido, evitando-se muitos transtornos para as populações que nela se viram atoladas, assim como no que se refere às relações dos Estados Unidos com o restante do mundo. No caso do Líbano, é provável que o exército sírio não tivesse sido obrigado a recuar, em 2005, e os confrontos que lá ocorreram passariam por outro encaminhamento.

Pode-se, igualmente, imaginar que, se os democratas tivessem ganhado em novembro de 2000, vários outros assuntos importantes — o aquecimento climático, por exemplo, ou o direito de se praticarem certas pesquisas genéticas, ou o papel das Nações Unidas — teriam sido administrados de modo diferente, com consequências significativas para o futuro do planeta. Seria, entretanto, arriscado prosseguir nas conjecturas. É inútil querer determinar se o estado do mundo seria

As legitimidades perdidas ⊕ **101**

melhor ou pior. No que me concerne, no decorrer desses anos, em várias ocasiões me lembrei daquele famoso voto da Flórida, achando-o frequentemente uma calamidade, mas, outras vezes, providencial.

Uma coisa, em todo caso, é certa: o que a escolha dos eleitores de Tampa e de Miami decidiu naquele ano, em números simbólicos, não foi apenas o futuro da nação americana, mas também, em boa parte, o futuro de todas as demais nações.

O mesmo se pode dizer das duas eleições presidenciais seguintes, em que passamos por situações extremas. Em 2004, o mundo inteiro desejava que o presidente Bush fosse derrotado, mas seus concidadãos resolveram reelegê-lo; o desamor entre a América e o restante do planeta chegou então a seu paroxismo. De modo inverso, em 2008, todas as nações da Terra se encantaram com o senador Obama, e, quando os votos dos americanos o indicaram, foi uma torrente de admiração — perfeitamente justificável, a meu ver — pelos Estados Unidos, por seu povo, por seu sistema político e por sua capacidade de administrar a própria diversidade étnica. Essa convergência, simultaneamente ligada ao discurso de Obama, às suas origens africanas e ao crescente desinteresse do mundo com relação ao governo republicano, não vai se repetir tão cedo. Em contrapartida, pode-se apostar que, a partir de agora, cada eleição americana trará à cena um psicodrama planetário.

Isso, evidentemente, gera problemas. Parece inclusive que temos aí, sob essa aparência anódina, anedótica, um dos fatores subterrâneos desse "desajuste" político e moral que caracteriza nossa época.

Antes de prosseguir, preciso levar em consideração duas objeções que podem ser levantadas contra meus argumentos.

É verdade, vão dizer, o presidente dos Estados Unidos, hoje em dia, é poderoso; suas decisões políticas afetam o destino do planeta inteiro e, com isso, os que o elegem se veem imbuídos de um papel que não lhes cabe de direito, pois essa escolha em geral se revela determinante para o futuro de asiáticos, de europeus, de africanos e de latino-americanos. E não é como se deveriam passar as coisas, num mundo ideal. Mas para que se esforçar contra um problema que não tem solução alguma? Não se pode, afinal de contas, dar aos colombianos, aos ucranianos, aos chineses ou aos iraquianos o direito de voto na eleição presidencial americana!

Não, concordo, seria absurdo, e certamente não é uma ideia a se defender. Qual é a outra solução, então? Nenhuma. No presente momento, não vejo nenhuma. Mas o fato de não haver solução realista não significa que o problema não exista. Estou convencido de sua total realidade, e de que sua gravidade será cada vez mais visível nas próximas décadas, e apresenta, desde já, alguns efeitos devastadores.

Prometo explicitar os motivos dessa preocupação mais adiante, em meu raciocínio. Antes, gostaria de afastar outra objeção previsível. A primeira foi a do eterno "Para quê?", e a segunda se remete ao não menos eterno "Sempre foi assim!".

Desde o alvorecer da História, vão dizer, determinadas nações impuseram sua vontade a outras; os poderosos decidem, os oprimidos sofrem; há muitas gerações, o voto de um morador de Nova York, de Paris ou de Londres tem maior peso do que o de um eleitor de Beirute, de La Paz, de Lomé ou de Kampala; se a época atual trouxe alguma mudança, foi mais no sentido positivo, pois centenas de milhões de pessoas, que até então estavam amordaçadas, podem agora se exprimir livremente.

Tudo isso é verdade, mas é algo enganador. É claro, os impérios de antigamente eram vastos e poderosos, mas o domínio que tinham do mundo era fraco, porque o armamento e os meios de comunicação não garantiam o controle eficaz longe da metrópole, e também porque tinham sempre de levar em consideração as potências rivais.

Atualmente, o extraordinário desenvolvimento tecnológico tornou possível um controle bem mais preciso do território mundial e contribuiu para a concentração do poder político num pequeno número de capitais — inclusive, principalmente, numa única. Isso explica a emergência, pela primeira vez na História, de um governo com uma "jurisdição" que cobre o planeta inteiro.

Essa situação inédita naturalmente gera disparidades inéditas, como também novos equilíbrios — ou, mais exatamente, desequilíbrios. E ressentimentos suicidas.

A toda evidência, algo na textura do mundo mudou radicalmente e criou vícios profundos nas relações entre as pessoas, degradando o significado da democracia e confundindo os caminhos do progresso.

Para examinar essa alienação mais de perto, para tentar compreender suas origens e seus mecanismos, para buscar às cegas uma saída desse labirinto assassino, a noção que poderia servir de "lanterna" é a de legitimidade. Uma noção fora de moda, esquecida e talvez até mesmo um tanto suspeita para alguns dos nossos contemporâneos, mas indispensável tão logo nos coloquemos a questão do poder.

2

A legitimidade é o que permite aos povos e às pessoas aceitarem, sem excessiva imposição, a autoridade de uma instituição, personificada por indivíduos e considerada possuidora de valores compartilhados.

Trata-se de uma definição ampla, capaz de englobar realidades bem diversas: as relações de um filho com os pais, de um militante com os responsáveis de seu partido ou sindicato, de um cidadão com o governo, de um assalariado ou um acionista com os dirigentes de sua empresa, de um estudante com seus professores, de um praticante de religião com os chefes da comunidade religiosa a que pertence etc. Certas legitimidades são mais estáveis do que outras, mas nenhuma é imutável; pode-se ganhar legitimidade ou perdê-la, de acordo com a habilidade de cada um ou segundo as circunstâncias.

Inclusive a história de todas as sociedades humanas poderia ser contada ao ritmo das crises de legitimidade. Após uma reviravolta, outra legitimidade emerge, vindo a substituir aquela que se desmancha. Mas a persistência dessa nova legitimidade vai depender do seu sucesso. Caso decepcione, ela começa a se desgastar, mais ou menos rapidamente e sem que aqueles que se remetem a ela obrigatoriamente se deem conta.

Em que momento, por exemplo, os tzares deixaram de parecer legítimos? E quantas décadas foram necessárias para que o crédito da Revolução de Outubro, por sua vez, se esgotasse? Aos olhos dos nossos contemporâneos, a Rússia foi o palco de uma espetacular perda de legitimidade, que teve repercussão no conjunto do planeta. Mas é apenas um caso entre tantos outros! A legitimidade só aparentemente é imutável; seja a de uma pessoa, de uma dinastia, de uma revolução ou de um movimento nacional, chega um momento em que ela deixa de ser operante. É quando um poder substitui outro, e uma nova legitimidade assume o lugar daquela que se tornou desacreditada.

Para que o mundo funcione de maneira mais ou menos harmoniosa, sem perturbações maiores, a maior parte dos povos deveria ter à sua frente dirigentes legítimos, "avalizados" — pois é preciso — por uma autoridade mundial igualmente vista como legítima.

A toda evidência, não é o que ocorre nos dias atuais. Acontece, inclusive, quase o contrário: muitos dos nossos contemporâneos vivem em Estados cujos dirigentes não ganharam qualquer eleição honesta, não são herdeiros de uma dinastia respeitada, nem continuadores de uma revolução bem-sucedida, ou artífices de um eventual milagre econômico. Por tudo isso, não dispõem de legitimidade e detêm o poder sob a tutela de uma potência global que também não conta com legitimidade alguma aos olhos das populações locais. Essa constatação é particularmente verdadeira para a maioria dos países árabes. Terá sido por acaso que exatamente desses países saíram os indivíduos que, neste início de século, cometeram os atos de violência mais espetaculares?

As questões de legitimidade sempre desempenharam um grande papel na história do mundo muçulmano. O exemplo mais significativo talvez seja o das facções religiosas. Enquanto na cristandade houve constantes divisões e alguns massacres em torno da natureza de Cristo, da Trindade, da Imaculada Conceição ou da formulação das orações, os conflitos no islã, em geral, ocorreram em torno de disputas de sucessão.

O grande cisma entre sunitas e xiitas não aconteceu por questões teológicas, mas por questões dinásticas. Quando morreu o Profeta, uma parte dos fiéis permaneceu do lado de seu jovem primo Ali, que era também seu genro, um espírito brilhante, com muitos seguidores incondicionais, que foram chamados "xi'a-t-Ali", o partido de Ali, e depois, simplesmente, "xi'a". Mas havia também muitos detratores, que três vezes conseguiram designar como "califas", ou "sucessores", representantes do partido contrário. Ali acabou conseguindo ganhar a quarta eleição, mas seus inimigos logo se revoltaram e ele jamais pôde reinar pacificamente. No final de quatro anos e meio, ele foi assassinado e depois seus dois filhos, Hassan e Hussein, foram mortos na batalha de Karbala, em 680, drama sempre comemorado com imenso fervor pelos xiitas. Muitos deles esperam que um dia, não distante, ressurgirá entre os homens um descendente de Ali, um imã, hoje oculto a nossos olhos, que dará de volta o poder a seus legítimos donos — um messianismo poderoso, que o passar dos séculos não abrandou.

Sobre essa disputa dinástica, enxertaram-se considerações de outra ordem, como, aliás, foi o caso também para as disputas teológicas dos cristãos. De fato, nos tempos passados, quando Roma condenava como heréticos os fiéis do patriarca de Alexandria ou de Constantinopla, quando Henrique VIII da Inglaterra rompeu com a Igreja romana, quando algum príncipe alemão tomava o partido de Lutero, em todas essas ocasiões considerações políticas e até rivalidades comerciais, conscientes ou não, com um papel subjacente, muito frequentemente influíram. Da mesma maneira, as teses do xiismo eventualmente foram adotadas por populações que queriam marcar sua oposição ao poder do momento. Por exemplo, no século XVI, com o Império Otomano, implacavelmente sunita, passando por seu maior período de expansão e pretendendo reunir a totalidade dos muçulmanos sob a sua autoridade, o xá da Pérsia transformou seu reino em baluarte do xiismo. Para o xá, era uma maneira de preservar seu império e, para os súditos de língua persa, um meio de evitar viver sob o domínio de um povo de língua turca. Mas, enquanto o rei da Inglaterra manifestava independência falando de Eucaristia e de Purgatório, o monarca persa marcava a divergência afirmando sua ligação com a família do Profeta, detentora da legitimidade.

Nos nossos dias, a legitimidade genealógica mantém certa importância, mas outra legitimidade se acrescentou, chegando inclusive a substituí-la e que poderíamos chamar "patriótica" ou "combatente": é legítima, para os muçulmanos, a liderança que dirige combates contra os inimigos. Mais ou menos como foi o caso do general De Gaulle, em junho de 1940, falando em nome da França, não por ter sido eleito nem por ter qualquer poder efetivo, mas por empunhar o estandarte da luta contra o invasor.

A comparação é inevitavelmente aproximativa; mesmo assim, representa uma chave bem útil, creio, para quem quiser decodificar o que acontece no mundo árabe-muçulmano há algumas décadas. Sem dúvida, inclusive, há mais tempo, mas prefiro me limitar ao que pôde registrar alguém da minha idade, nascido no Líbano, numa família de professores e de jornalistas, depois emigrado para a França e que nunca se cansou de observar sua terra natal, esforçando-se para compreender e explicar.

Desde que abri os olhos para o mundo, vi desfilarem diversos personagens que se achavam possuidores

AMIN MAALOUF 110 *O Mundo em Desajuste*

dessa "legitimidade patriótica", falando em nome de seu povo, ou de todos os árabes e, às vezes, em nome da totalidade dos muçulmanos. O mais importante de todos foi, sem dúvida, Gamal Abdel Nasser, que governou o Egito entre 1952 e 1970, quando morreu. Falarei muito dele, porque tenho a impressão de ter sido como começou — a partir de sua ascensão fulgurante, de seu fracasso igualmente fulgurante e, depois, do seu brusco desaparecimento — a crise de legitimidade que vivem os árabes de hoje, crise que contribui para o desajuste do mundo, para a deriva rumo à violência descontrolada e à regressão.

Mas, antes de ir mais fundo no percurso de Nasser, gostaria de tentar delimitar um pouco mais essa noção de "legitimidade patriótica". Com um caso particular, bem particular, e talvez até mesmo único na história moderna do mundo muçulmano: o de um dirigente que conseguiu tirar seu povo do declínio e mereceu, por isso, a legitimidade combatente. Admiravelmente, ele expressou a força que representa essa vantagem e como se pode usá-la em proveito próprio. Refiro-me a Atatürk.

Logo depois da Primeira Guerra Mundial, com o território da atual Turquia dividido entre as diferentes forças armadas aliadas e as potências, reunidas em Versalhes ou em Sèvres, dispondo sem-cerimônia dos povos e dos territórios, esse simples oficial do exército otomano ousou dizer não aos vencedores. Enquanto

As legitimidades perdidas

muitos outros lamentavam as decisões iníquas das quais sofriam, Kemal Pacha retomou as armas, expulsou as tropas estrangeiras que ocupavam seu país e obrigou os poderosos a reverem seus projetos.

Essa atitude rara — refiro-me à audácia de resistir a adversários considerados invencíveis e, ao mesmo tempo, a capacidade de sair vencedor dessa queda de braço — valeu ao personagem sua legitimidade. Tornado, de um dia para o outro, "pai da nação", o ex-oficial passou a ter um mandato de longa duração, para remodelar à vontade a Turquia e os turcos. E foi o que fez, com disposição. Deu fim à dinastia otomana, aboliu o califado, proclamou a separação da religião e do Estado, instaurou uma laicidade rigorosa, exigiu que o povo se europeizasse, substituiu o alfabeto árabe pelo alfabeto latino, obrigou os homens a se barbearem e as mulheres a deixarem o véu, e ele próprio trocou o tradicional barrete turco por um elegante chapéu à moda ocidental.

E o povo o acompanhou. Permitiu que seus hábitos e crenças fossem sacudidos, sem reclamar. Por quê? Porque tinha, graças a Kemal Pacha, recuperado o amor-próprio. Quem devolve ao povo sua dignidade pode fazer com ele muitas coisas. Pode impor sacrifícios, restrições e inclusive se mostrar tirânico; e será, mesmo assim, ouvido, defendido, obedecido, não indefinidamente, mas por muito tempo. Mesmo que ataque a religião, seus concidadãos nem por isso o abandonarão. Em política, a religião não é uma finalidade em si, é uma consideração entre outras;

a legitimidade não é concedida ao mais praticante dos fiéis, mas àquele cujo combate coincide com o combate do povo.

Poucas pessoas no Oriente viram alguma contradição no fato de Atatürk ter furiosamente lutado contra os europeus e o seu sonho ser o de europeizar a Turquia. Ele não lutou contra este ou aquele inimigo; lutou para ser tratado com respeito, com igualdade, como homem, e não como colonizado. Com a dignidade restabelecida, Kemal e seu povo estavam prontos para seguir adiante no caminho da modernidade.

A legitimidade adquirida por Atatürk sobreviveu a ele e, ainda hoje, a Turquia é governada em seu nome. Inclusive quem não compartilha de suas convicções se sente obrigado a se remeter a ele. Podemos nos perguntar, entretanto, quanto tempo o edifício vai se manter, diante do radicalismo religioso que cresce, ao mesmo tempo que a Europa se amedronta. Como os kemalistas podem convencer o povo a se europeizar se os europeus lhes repetem três vezes por dia que o país não é europeu e nada têm a construir juntos?

Muitos dirigentes do mundo muçulmano sonharam em imitar o exemplo da Turquia.

No Afeganistão, um jovem rei de 26 anos, Amanullah, chegou ao poder em 1919 e quis seguir as pegadas de Atatürk. Lançou seu exército contra as

As legitimidades perdidas

tropas inglesas de ocupação e conseguiu que fosse reconhecida a independência do país. Fortalecido pelo prestígio assim obtido, deu início a reformas ambiciosas, proibiu a poligamia e o uso do véu, abriu escolas modernas para meninos e meninas, incentivou o surgimento de uma imprensa livre. A experiência durou dez anos, até 1929, quando, então, Amanullah foi afastado do poder por uma conjuração de chefes tradicionais, que o acusaram de impiedade. Ele morreu no exílio, em Zurique, em 1960.

Mais durável foi a experiência tentada na Pérsia por Reza Khan. Fervoroso admirador de Atatürk, igualmente oficial, ele quis reproduzir em seu país a mesma experiência modernizadora, mas se mostrou afinal incapaz de operar uma ruptura franca, preferindo fundar uma nova dinastia imperial, a dos Pahlavi, a uma república à moda europeia, e tentou usar as contradições entre as potências mais do que claramente impor uma linha de independência. Provavelmente não tinha o mesmo talento que seu modelo, mas deve-se reconhecer, a seu favor, que, com a descoberta do petróleo, havia pouca chance de as potências deixarem o Irã viver a sua vida. Para manter o poder, a dinastia foi obrigada a se aliar aos britânicos e depois aos americanos, ou seja, àqueles que o povo iraniano via como inimigos de sua prosperidade e dignidade.

Comparado ao exemplo de Atatürk, trata-se de um contraexemplo. Àquele que se apresenta como protegido das potências adversas a legitimidade é negada, e tudo que se empreende é desconsiderado: se quiser modernizar o país, o povo vai se opor à modernização; se procurar emancipar as mulheres, as ruas vão se encher de véus de protesto.

Quantas reformas sensatas não fracassaram por virem assinadas por um poder detestado! Inversamente, atos insensatos foram aplaudidos por contarem com o aval da legitimidade combatente! Isso, aliás, se confirma em todos os lugares; quando uma proposta passa pelo voto, os eleitores se decidem mais em função da confiança que têm, ou não têm, na pessoa que a apresenta do que em função do seu conteúdo. Os remorsos e os questionamentos só vêm mais tarde.

3

Nos países árabes, a experiência turca foi recebida com maiores reservas do que no restante dos países muçulmanos. A audácia reformadora de Atatürk certamente foi fonte de inspiração para elementos socialmente modernistas, como o dirigente tunisiano Habib Bourguiba; mas havia, no nacionalismo turco, também um preconceito de desconfiança com relação aos árabes, que os tornava pouco receptivos às suas ideias.

Pois a vontade de europeizar a Turquia era também uma vontade de desarabeizá-la. O desmembramento do Império Otomano, na Primeira Guerra Mundial, ganhou ares de divórcio entre os súditos árabes do sultão e os súditos turcos. Quando os hachemitas de Meca ergueram o estandarte da revolta, em 1916, incentivados pelos ingleses, um dos objetivos proclamados era o de que o título de califa, do qual os soberanos otomanos se investiam há 400 anos, cabia aos árabes; liberto do jugo turco, o povo do Profeta finalmente recuperaria as glórias passadas.

Os nacionalistas turcos manifestavam ressentimentos comparáveis: não conseguimos progredir, era o que basicamente diziam, porque há séculos carregamos esse peso árabe; já passou a hora de nos desfazermos desse alfabeto complicado, dessas tradições vetustas, dessa mentalidade arcaica; e alguns acrescentavam, a meia-voz: e dessa religião. "Os árabes querem se separar de nós? Ótimo! Ficamos livres deles! Que partam!"

Não bastou trocar o alfabeto, passaram também a tirar da língua turca os vocábulos de origem árabe. E eles eram muitos e de grande alcance, ainda mais do que na língua espanhola. Por exemplo, esta última tomou do árabe sobretudo palavras da vida concreta — o relevo, as árvores, a alimentação, as roupas, os instrumentos, os móveis, as profissões —, mantendo o vocabulário intelectual e espiritual, originado principalmente do latim. De modo inverso, a língua turca havia tomado por empréstimo do árabe conceitos abstratos, como "fé", "liberdade", "progresso", "revolução", "república", "literatura", "poesia", "amor".

Isso tudo para mostrar que o divórcio ocorria em clima de rancor, com uma separação, ao mesmo tempo, de corpo, mas também de alma.

Nascidos na mesma época, sob o mesmo teto, mas sem grande simpatia mútua, o nacionalismo turco e o nacionalismo árabe tiveram destinos extremamente divergentes. O primeiro nasceu já adulto, o segundo nunca conseguiu crescer. É bem verdade que não vieram ao mundo nas mesmas condições nem com as mesmas obrigações.

Os turcos, por muito tempo, tinham governado um imenso império, que pouco a pouco lhes escapou; alguns de seus territórios foram assimilados ou recuperados por outras potências — a Rússia, a França, a Inglaterra, a Áustria e a Itália —, outros precisaram ser cedidos a nações que renasciam — os gregos, os romenos, os búlgaros, os sérvios, os albaneses, os montenegrinos e, mais recentemente, os árabes. Atatürk explicou a seus compatriotas que, em vez de lamentar as províncias perdidas, deviam tentar salvar o que ainda era possível, constituindo também um território nacional próprio, no qual predominasse o uso da língua turca — principalmente a Anatólia e, na Europa, a estreita faixa de terra ao redor de Istambul —, consolidando então uma hegemonia, mesmo que à custa de outras nacionalidades presentes. Propunha que se desfizessem sem pena dos falsos brilhos do passado otomano para inaugurar uma segunda vida, com roupagem nova.

Para os árabes, a constituição de um "território nacional" igualmente estava na ordem do dia, mas era infinitamente mais difícil de se realizar do que para os turcos. Reunir num mesmo Estado os diferentes povos de língua árabe, vivendo entre o oceano Atlântico e o golfo Pérsico, era uma empreitada colossal. Os hachemitas só podiam mesmo fracassar, como fracassou Nasser, como fracassariam todos os nacionalistas árabes e como teria fracassado o próprio Atatürk, se assumisse tarefa tão vasta.

Com o recuo do tempo, podemos dizer que a aventura nunca deveria ter sido tentada, mas, logo em seguida à Primeira Guerra Mundial, ela não parecia absurda. A era otomana mal havia terminado, durante a qual todos aqueles países, ou quase, tinham efetivamente sido reunidos sob a autoridade de um único sultão turco; por que não poderiam voltar à mesma situação, com um monarca árabe? Além disso, a ideia pairava ainda no ar: a reunificação italiana tinha se concluído com Cavour, em 1861, e a reunificação alemã, com Bismarck, em 1871. Eram acontecimentos relativamente recentes, cuja lembrança estava viva. Por que a reunificação árabe seria impossível?

Hoje em dia, a perspectiva de reunir num só país o Iraque, a Síria, o Líbano, a Jordânia, a Líbia, a Argélia, o Sudão e também a Arábia parece simplesmente quimérica. Mas, naqueles anos, não havia Iraque, nem Síria, nem Líbano, nem Jordânia, nem Líbia, nem Argélia, nem Sudão, tampouco Arábia. Desses nomes, os que porventura figurassem em mapas apareciam como localidade geográfica ou entidade administrativa, eventualmente província de algum império desaparecido, sem que nenhum jamais tivesse constituído um Estado distinto. Eram raros os países árabes que podiam reivindicar uma continuidade histórica: o Marrocos, que então se encontrava sob o protetorado francês; o Egito, que estava sob tutela inglesa; e o Iêmen, mas sua monarquia arcaica o mantinha isolado do mundo.

Com isso, mesmo que fosse insensato pensar em unidade árabe, igualmente insensato seria não pensar. Alguns dilemas históricos não podem ser resolvidos, nem mesmo por personagens excepcionais. O mundo árabe estava destinado a lutar apaixonadamente, com convicção, para realizar seu sonho de unidade, e destinado a se frustrar.

É a partir do esclarecimento desse dilema insolúvel que se pode tentar compreender a tragédia de Nasser, e todos os dramas que daí se originaram, até os nossos dias. Trinta e cinco anos antes do advento do *raïs* egípcio, os árabes tinham se sentido atraídos por outro personagem que, em alguns meios, permaneceu lendário. Refiro-me ao príncipe hachemita Faiçal, o mesmo de quem Lawrence da Arábia foi conselheiro e quase um mentor. Filho do xerife de Meca, ele sonhava com um reino árabe, tendo ele como soberano, e agrupando, num primeiro momento, o conjunto do Oriente Médio, assim como a península Arábica. Os britânicos lhe prometeram isso, em contrapartida da rebelião árabe contra os otomanos, da mesma maneira que haviam prometido reconhecer o título de califa a seu pai e, no final da Grande Guerra, ele foi à conferência de Versalhes, na companhia do coronel Lawrence, para que as potências confirmassem o projeto.

Durante a estada em Paris, Faiçal encontrou Chaim Weizmann, figura importante do movimento

AMIN MAALOUF **120** *O Mundo em Desajuste*

sionista e que se tornaria, 30 anos depois, o primeiro presidente do Estado de Israel. Os dois homens assinaram, em 3 de janeiro de 1919, um surpreendente documento realçando os laços de sangue e as estreitas relações históricas entre os dois povos, estipulando que, se o grande reino independente desejado pelos árabes fosse criado, ele apoiaria o estabelecimento dos judeus na Palestina.

Mas o citado reino não aconteceu. As potências estimaram que os povos da região não estavam capacitados para se autogovernar e decidiram confiar à Grã-Bretanha um "mandato" sobre a Palestina, a Transjordânia e o Iraque, e à França outro "mandato" sobre a Síria e o Líbano. Furioso, Faiçal resolveu seguir o caminho traçado por Atatürk, tentando pôr as potências diante de um fato consumado. Proclamou-se "rei da Síria", formou em Damasco um governo ao qual se juntou a maioria dos movimentos políticos árabes. Mas a França não tinha a intenção de perder o território que lhe fora delegado. Enviou imediatamente um corpo expedicionário que não teve a menor dificuldade em aniquilar as frágeis tropas de Faiçal e conquistar sua capital, em julho de 1920. A única batalha aconteceu perto de um vilarejo chamado Maysalun — nome que se manteve na memória patriótica como símbolo de frustração, impotência, traição e luto.

Tendo perdido o efêmero reino da Síria, o emir hachemita obteve, como prêmio de consolação, o trono do Iraque, sob a tutela inglesa, mas seu prestígio ficou para sempre abalado. Ele desapareceu, aos 50 anos, em 1933, durante uma temporada na Suíça; Lawrence morreu dois anos depois, num acidente de motocicleta.

Nunca mais houve, entre árabes e judeus, um acordo como aquele de 1919, quero dizer, um acordo global, levando em consideração as aspirações nacionais dos dois povos, esforçando-se em conciliá-los e até mesmo em coligá-los. A colonização judia na Palestina se desenvolveu contra a vontade dos árabes, que nunca deixaram de se opor, com tanta raiva quanto insucesso.

Ao nascer o Estado de Israel, em maio de 1948, seus vizinhos lhe negaram o reconhecimento e tentaram sufocá-lo ainda no berço. Os exércitos árabes penetraram na Palestina e foram sucessivamente derrotados por tropas judias menos numerosas, embora com melhor treinamento, fortemente motivadas e comandadas por oficiais competentes. Os quatro países limítrofes de Israel tiveram de assinar acordos de armistício: o Egito, em fevereiro de 1949; o Líbano, em março; a Jordânia; em abril; e a Síria, em julho.

Essa derrota inesperada foi, para o mundo árabe, um abalo político violento. A opinião pública estava inconformada, furiosa contra os israelenses, contra os ingleses e os franceses, um pouco também contra os soviéticos e os americanos, que haviam rapidamente reconhecido o Estado judeu. Sobretudo, porém, inconformada com os próprios dirigentes, tanto pela maneira como a batalha havia sido dirigida quanto pela submissa aceitação da derrota. Já em 14 de agosto de 1949, menos de um mês após terem assinado o armistício, o presidente sírio e seu primeiro-ministro foram derrubados por um golpe de Estado e sumariamente executados. No Líbano, o ex-primeiro-ministro Riad el-Solh, que se dedicava a negócios particulares no momento da guerra e do armistício, foi assassinado, em julho de 1951, por militantes nacionalistas. Cinco meses depois, o rei Abdalah, da Jordânia, igualmente tombou, sob as balas de um assassino. O Egito também passou por uma onda de atentados e de revoltas sangrentas, que começaram com o assassinato do primeiro-ministro Nokrashi Pachá e só terminaram com o golpe de Estado de julho de 1952. Em menos de quatro anos, todos os dirigentes árabes que aceitaram o armistício já haviam perdido o poder ou a própria vida.

Nesse contexto, o advento de Nasser foi recebido com imensa expectativa e seu discurso nacionalista rapidamente suscitou entusiasmo. Há muito os árabes sonhavam que alguém um dia apareceria para conduzi-los com mão segura à realização de seus sonhos — unidade, verdadeira independência, desenvolvimento econômico, avanço social e, antes de tudo, recuperação da dignidade. Queriam que Nasser fosse esse homem, acreditavam nele, deram-lhe apoio e amor. Seu fracasso abalou a todos, profundamente, fazendo com que se perdesse, por muito tempo, a confiança nos dirigentes e também no próprio futuro.

4

A responsabilidade pelo fracasso de Nasser pode ser amplamente repartida. Ele, sem dúvida, foi violentamente combatido pelas potências ocidentais, por Israel, pelas monarquias petrolíferas, pela organização Sociedade dos Irmãos Muçulmanos, pelos meios liberais e também, em determinados momentos, pelos comunistas árabes, mas nenhum dos adversários contribuiu tanto para o naufrágio do nasserismo quanto o próprio Nasser.

Ele não era um democrata — e a afirmação é um pálido eufemismo. Instaurou um regime de partido único, com plebiscitos de 99% dos votos, uma polícia secreta onipresente, campos de concentração em que eram colocados juntos islamitas, marxistas, criminosos comuns e desventurados cidadãos que não haviam conseguido manter a boca fechada. Seu nacionalismo era fortemente xenófobo, o que apressou o fim de uma coabitação secular e fértil com inúmeras comunidades mediterrâneas — italianos, gregos, malteses, judeus, cristãos sírio-libaneses —, principalmente em Alexandria. A gestão da economia era um modelo de absurdos e de incúria, sendo uma de suas práticas mais corriqueiras nomear, à frente das empresas nacionalizadas, militares que ele queria recompensar ou delicadamente afastar, o que não era a melhor maneira de se garantir uma administração eficiente. Quanto ao exército propriamente, que Nasser organizara a altos custos, com a ajuda dos soviéticos, e que parecia temível, desintegrou-se em poucas horas, em 5 de junho de 1967, frente aos israelenses. O presidente egípcio acabava de cair numa armadilha montada pelos inimigos e que ele não conseguira evitar.

Creio ter relacionado a maioria das críticas que lhe podem ser feitas, mas é importante acrescentar que Nasser não era apenas isso. Sua ascensão provavelmente foi o acontecimento mais marcante na história dos árabes nos últimos séculos. Quantos dirigentes não cometeram loucuras, na esperança de um dia ocupar, no coração dos árabes, o lugar que ele ocupou! Não se podem compreender as leviandades megalomaníacas de um Saddam Hussein sem ter em mente que suas referências a Nabucodonosor e a Saladino nunca passaram de imagens pomposas e vãs, sendo sua verdadeira e única ambição tornar-se um novo Nasser. Muitos outros, além dele, sonharam com isso; alguns ainda sonham, mesmo que os tempos tenham mudado e que o arabismo, o terceiro-mundismo e o socialismo não atraiam mais um grande público.

As legitimidades perdidas

No início dos anos 1950, o mundo árabe mal começava a sair da era colonial; o Magreb estava ainda sob a tutela francesa, os emirados do Golfo dependiam da coroa britânica e, se alguns países tinham obtido independência, ela era puramente nominal para muitos deles, como era o caso, em particular, do Egito, onde os ingleses estabeleciam governos e os derrubavam, sem muita consideração para com o rei Faruk, cujo prestígio não parava de decair aos olhos da população. O monarca irritava por seu estilo de vida, pela corrupção dos que estavam a seu redor, pela aparente complacência com os ingleses e também, a partir de 1948, pela humilhante derrota de seu exército frente a Israel.

Os "Oficiais Livres" que assumiram o poder no Cairo, em julho de 1952, prometiam uma reparação para todas essas afrontas ao mesmo tempo: dar por encerrado o antigo regime, concluir a independência se livrando da influência inglesa e retomar dos judeus a Palestina. Eram objetivos que correspondiam às aspirações das multidões egípcias e também às de todos os povos árabes.

Estes últimos viam o Egito como "o irmão mais velho", segundo o vocabulário da época, e sua experiência era acompanhada de perto.

O golpe de Estado se deu com tranquilidade e até mesmo certa magnanimidade. O rei derrubado foi levado até seu iate com honras militares e, inclusive, autorizado, dizem, a embarcar sua preciosa coleção de bengalas trabalhadas. Passou o resto da vida entre a Côte d'Azur, a Suíça e a Itália, distante de qualquer atividade política. Por um ano, a monarquia sequer chegou a ser abolida, pois nominalmente foi mantido à frente do governo o príncipe herdeiro, com meses de idade.

Nenhuma autoridade do antigo regime foi morta nem presa por muito tempo. Perderam propriedades, títulos e privilégios, mas foram pessoalmente poupadas. Algumas preferiram o exílio, mas a maioria permaneceu onde estava e não sofreu perseguições. A famosa Um Kalsum, acusada de ter cantado loas ao ex-monarca, foi afastada da mídia logo após o golpe de Estado, por militares mais extremados; ela se queixou a um amigo jornalista, que relatou o fato a Nasser, a proibição foi imediatamente levantada e não tardou para que ela se tornasse a cantora emblemática do novo regime.

Esse lado bem-comportado da Revolução Egípcia nos permite compará-la com méritos a muitos outros eventos do mesmo tipo, ao longo da História, que foram acompanhados por verdadeiros banhos de sangue — que se pense na Inglaterra de Cromwell, na França de Robespierre, na Rússia de Lênin ou, mais próxima no espaço e no tempo, na derrubada das monarquias iraquiana, etíope e iraniana.

Mas a apreciação deve ser nuançada. Mesmo que não fosse um tirano sanguinário, Nasser não chegava a ser um adepto da não violência; é provável que os paxás do antigo regime tenham morrido em seus leitos, mas outros adversários políticos, tanto de esquerda quanto de direita, considerados perigosos para o poder, foram enforcados, fuzilados ou assassinados, e muitos outros morreram sob a tortura. Além disso, o nacionalismo nasseriano constantemente manifestou, tanto em seus discursos quanto nas decisões mais emocionais, uma hostilidade sistemática com relação a tudo que fosse "alógeno" à sociedade egípcia.

Minha intenção aqui não é a de instaurar um julgamento ético, mesmo tendo uma opinião pessoal a respeito disso e achando legítimo formulá-la. Penso, sobretudo, no exemplo que Nasser poderia ter dado aos que o seguiam. Para o mundo árabe, para o conjunto do mundo muçulmano, assim como para a África, ele era um modelo. Tudo que dizia ou fazia tinha, por isso, valor pedagógico para centenas de milhões de pessoas em todos os países e de todas as condições. Raros dirigentes alcançaram tal posição e somente os melhores têm consciência da pesada responsabilidade inerente a tamanho privilégio, sobretudo quando se trata de traçar o caminho para uma nação nascente ou renascente.

Um caso eloquente de nossa época é o de Nelson Mandela. Conduzido por uma poderosa força, aureolado pelo prestígio conferido por longos anos de cativeiro, ele se encontrava em posição privilegiada. Os olhos de seus compatriotas se mantinham pregados nele, em suas expressões e em seus gestos. Se ele deixasse expressar o amargor, acertando contas com seus carcereiros, castigando aqueles que haviam sustentado ou tolerado o *apartheid*, ninguém poderia censurá-lo. Se quisesse manter a Presidência da República até o seu último suspiro e governar como autocrata, ninguém poderia impedi-lo. Mas ele tomou o cuidado de, muito explicitamente, dar sinais opostos a isso. Não se contentou apenas em perdoar quem o tinha perseguido; fez questão de visitar a viúva do ex-primeiro-ministro Verwoerd, um dos artífices da segregação, para assegurar que o passado ficaria no passado e que ela, pessoalmente, também tinha seu lugar na nova África do Sul. A mensagem era clara: eu, Mandela, que sob o regime racista sofri os tormentos que todos sabem, eu que fiz mais do que qualquer um para acabar com essa abominação, mesmo sendo presidente, faço questão de ir à casa daquele que me jogou na prisão e tomar chá com sua viúva. Que ninguém mais, entre os meus, se sinta autorizado a adotar medidas militantes ou praticar excessos revanchistas!

Os símbolos são poderosos e, quando vêm de uma pessoa eminente, muito ouvida e admirada, podem às vezes alterar o curso da História.

Nasser, por alguns anos, esteve em semelhante posição. Se fosse esta a sua vontade, se sua cultura política e seu temperamento o inclinassem nesse sentido, teria podido fazer o Egito e o conjunto de sua região evoluírem na direção da democracia e do res-

As legitimidades perdidas

peito pelas liberdades individuais, assim como, provavelmente, no caminho da paz e do desenvolvimento.

Facilmente se esquece, hoje em dia, que, nas primeiras décadas do século XX, importantes países árabes ou muçulmanos tinham uma vida parlamentar animada, uma imprensa livre e eleições relativamente honestas, que apaixonavam suas populações. Era o caso não apenas da Turquia e do Líbano, mas também do Egito, da Síria, do Iraque e do Irã, não sendo inelutável que todos caíssem em regimes tirânicos ou autoritários.

Chegando ao poder num país em que reinava uma vida democrática bastante imperfeita, Nasser poderia ter reformado o sistema, abrindo-o para outras camadas da sociedade, estabelecendo um verdadeiro estado de direito, dando fim à corrupção, ao nepotismo e às ingerências estrangeiras. A população, com todas as suas classes e diferentes opiniões, certamente o teria seguido nesse caminho. Ele preferiu, entretanto, abolir o sistema inteiro e instaurar um regime de partido único, sob o pretexto da necessidade de agrupar a população em torno dos objetivos da revolução, dizendo que toda divisão e toda dissensão podiam abrir brechas, das quais se aproveitariam os inimigos.

É claro, não se refaz a História. Chegando ao poder por meio de um golpe audacioso, o jovem coronel egípcio — patriota dedicado, íntegro, inteligente e carismático, mas sem grande cultura histórica ou moral — seguiu as próprias tendências, que correspondiam ao que então estava em voga. No início dos anos 1950, a sabedoria convencional o incitava fortemente a agir daquela forma. O país vivia, há várias gerações, sob o terror das intrigas inglesas, e Nasser estava convencido, com toda razão, da necessidade de se mostrar extremamente vigilante e firme, sem o que os britânicos não demorariam a recuperar, com suas manobras, a presa que lhes escapara.

A observação do mundo, na época do golpe de Estado de julho de 1952, só podia confortá-lo nessa impressão. Todos os olhares estavam fixados no Irã, onde o primeiro-ministro Mossadegh, um jurista formado na Suíça, tão patriota quanto Nasser, mas defendendo uma democracia pluralista, estava às voltas com a Companhia Petrolífera Anglo-Iraniana, que pagava ao Estado somas ínfimas, por ela própria calculadas a seu bel-prazer. Mossadegh reclamava para o país a metade das receitas. Ao se chocar com uma recusa, ele conseguiu que o parlamento votasse a nacionalização da companhia. A resposta britânica foi terrivelmente eficaz. Impôs-se um embargo mundial ao petróleo iraniano, que ninguém mais se atreveu a comprar. Em pouquíssimo tempo, o país ficou privado de recursos, com toda a economia asfixiada. No primeiro ano da Revolução Egípcia, o mundo assistia ao espetáculo de o infeliz Mossadegh ser posto de joelhos, para ser finalmente derrubado, em agosto de 1953. O xá, que havia partido em breve exílio voluntário, voltou com toda força, por 25 anos.

As legitimidades perdidas

Foi durante aquele verão que os Oficiais Livres egípcios decidiram destituir o jovem rei, abandonando toda intenção, mesmo que vaga, de estabelecimento de uma monarquia constitucional e instaurando uma república autoritária.

Ao rever todos os elementos que eventualmente influenciaram decisões ou fizeram explodir um conflito, nunca se pode traçar uma linha reta, ligando o efeito à causa. Para compreendermos as escolhas de Nasser, que determinaram a orientação da revolução egípcia e também, em larga escala, a marcha do nacionalismo árabe rumo aos píncaros e, depois, aos precipícios, muitos dados entram em jogo. Além do fator pessoal, que, evidentemente, não é secundário, podemos levar em consideração diversas ocorrências daqueles anos, algumas diretamente ligadas à extensão da Guerra Fria, outras relacionadas ao desmanche dos velhos impérios coloniais europeus e à emergência de um terceiro-mundismo nacionalista, em geral antiocidental, tentado pelo modelo soviético do partido único e do dirigismo econômico.

Teoricamente, Nasser poderia ter seguido outra via. Na prática, se considerarmos as mentalidades da época e as relações de força, isso teria sido difícil e muito arriscado.

5

Foi em 1956, por ocasião da crise de Suez, que Nasser se tornou ídolo das multidões árabes, por ousar lançar uma luva ao rosto das potências coloniais europeias e por sair vencedor do confronto.

Em julho daquele ano, durante uma manifestação em Alexandria, celebrando o quarto aniversário da revolução, ele bruscamente proclamou, num discurso transmitido ao vivo pela mídia, a nacionalização da Companhia Franco-Britânica do Canal de Suez, símbolo do domínio estrangeiro no país. O público ficou em delírio, o mundo inteiro em estado de choque, Londres e Paris falaram em pirataria, em ato de guerra, e deram avisos contra os riscos de perturbação do comércio internacional.

De um dia para outro, o jovem coronel egípcio de 38 anos foi levado à frente do cenário mundial. A Terra inteira pareceu se dividir entre os que estavam a seu lado e os que eram contra ele. Num campo, os povos do Terceiro Mundo, o movimento dos não alinhados, o bloco soviético, assim como uma crescente fração da opinião pública ocidental que desejava pôr um termo na era colonial, fosse por motivos de princípios, fosse para diminuir os custos. No outro campo, a Grã-Bretanha, a França e Israel, mas também, ainda que mais discretamente, alguns dirigentes árabes conservadores, temendo a influência desestabilizadora de Nasser em seus países. Entre esses últimos, o primeiro-ministro iraquiano Nuri es-Saïd, que teria aconselhado a seu colega britânico Anthony Eden: *"Hit him! Hit him now, and hit him hard!"* — "Bata! Bata rápido, e bata forte!" Todos tinham ainda na lembrança o que acontecera a Mossadegh e parecia inconcebível que o dirigente egípcio não sofresse o mesmo, para que o Ocidente mantivesse o controle daquela importante via marítima e também como exemplo.

De fato, tomou-se a decisão de "bater forte". No final de outubro, teve início uma ação com duas frentes: uma ofensiva terrestre israelense pelo Sinai e grupos de paraquedistas britânicos e franceses na zona do Canal. Militarmente, Nasser estava batido; politicamente, foi para ele um triunfo, graças, sobretudo, a uma coincidência histórica que nem ele nem seus adversários haviam previsto.

Na verdade, no mesmo dia em que Paris e Londres enviaram ao Cairo o ultimato que prenunciava o ataque, um novo governo húngaro, dirigido por Imre

Nagy, proclamou o retorno a uma democracia pluralista, entrando em revolta aberta contra a hegemonia de Moscou. Foi na terça-feira, 30 de outubro de 1956. Nos dias seguintes, dois episódios dramáticos aconteceram em paralelo: enquanto a Royal Air Force bombardeava o aeroporto do Cairo e os paraquedistas franceses e britânicos saltavam em Port-Said, blindados soviéticos sangrentamente esmagavam as manifestações estudantis de Budapeste.

Ninguém ficou mais furioso com essa coincidência do que Washington. O governo violentamente anticomunista do presidente Eisenhower e dos dois irmãos Dulles — John Foster, secretário de Estado, e Allen, diretor da CIA — viu nas ocorrências da Hungria uma etapa maior da queda de braço entre os dois blocos mundiais. A toda evidência, os dirigentes soviéticos estavam em pleno desespero; a desestalinização iniciada se voltava contra eles e, para manter o domínio sobre a Europa Central e a Oriental, não tinham alternativa senão recorrer à força bruta. Era uma boa oportunidade para isolá-los, para minar sua credibilidade no cenário internacional e para lhes infligir uma derrota política maior.

Ao se lançarem, naquele exato momento, numa expedição contra o Egito, os britânicos, os franceses e os israelenses ofereciam aos soviéticos a possibilidade inesperada de desviarem os olhares do mundo de sua expedição punitiva. Os americanos se agitaram. Mesmo que no verão tivessem dado a entender aos amigos que os deixariam agir, rapidamente foi dado

As legitimidades perdidas

um aviso contrário, para que cancelassem a operação e chamassem de volta as tropas. Falar-se-ia de Suez mais tarde!

Mas já se dera início à ação, e Eden não podia nem queria recuar. Os insistentes apelos de Washington não o impressionaram. Estava convencido de conhecer bem o aliado americano, sempre recalcitrante. De início, não tinha pressa; buscava pretextos para não intervir, era preciso que os ingleses fossem primeiro, que o chamassem, que o estimulassem. Os americanos, então, acabavam aderindo e, quando isso acontecia, lutavam melhor do que qualquer outro. Quantos esforços não precisara fazer Churchill para que eles entrassem na guerra contra Hitler! Não fora preciso que a Grã-Bretanha aguentasse sozinha, ou quase, durante dois anos e meio, até que os Estados Unidos se lançassem na batalha? Na crise iraniana, a mesma coisa se havia repetido. Por eles próprios, os americanos teriam se acertado com o governo de Mossadegh e com a nacionalização do petróleo; aliás, tinham insistido com a Inglaterra para que aceitasse um compromisso, levando em conta as aspirações nacionais dos iranianos. Tinha sido preciso, mais uma vez, que Churchill, o próprio Eden e muitos outros responsáveis fossem conversar na Casa Branca e no Departamento de Estado, explicando, argumentando, para que os americanos aceitassem agir. A partir de então, uma vez mais a decisão deles havia sido decisiva; foram inclusive eles que, tão eficazmente, organizaram a derrubada de Mossadegh. No caso Suez, seria a mesma coisa, previa Eden. Washington acabaria compreendendo que o combate contra o comunismo era um só, fosse no Egito, na Hungria, no Irã, na Coreia ou em qualquer outro lugar.

O primeiro-ministro se enganava redondamente. Não só os americanos não tinham a intenção de segui-lo naquela aventura, como também ficaram tão irritados que o humilharam em público. Já que não queria compreender que a sua guerrinha estúpida fazia o jogo dos soviéticos, seria tratado como adversário — coisa inaudita em dois séculos de relações entre Washington e Londres. O Tesouro americano começou a vender maciçamente libras inglesas, o que fez cair sua cotação; e, quando alguns países árabes decidiram, por solidariedade ao Egito, não fornecer mais petróleo à França e à Grã-Bretanha, os Estados Unidos se negaram a compensar a falta. No Conselho de Segurança das Nações Unidas, a delegação americana encabeçou uma resolução exigindo que cessassem as operações militares, e, quando Paris e Londres a vetaram, a mesma proposta foi levada à Assembleia Geral, que a aprovou com ampla maioria. Inclusive os grandes países brancos do Commonwealth, como o Canadá e a Austrália, deixaram claro a Eden que ele não contaria mais com seu apoio.

O chefe do governo britânico e seu colega francês, Guy Mollet, acabaram cedendo e chamaram de volta suas tropas. Apesar do sucesso militar em campo, a derrota política foi total. Comportando-se como se possuíssem ainda vastos impérios planetários, as duas

As legitimidades perdidas

potências europeias acabavam de receber uma bofetada devastadora. A crise de Suez fez soar o fim da era colonial. Passava-se a viver outra época, com outras potências e outras regras de jogo.

Por vir a ser a peça reveladora dessa reviravolta e por ter saído vencedor daquela prova de força, Nasser se tornou, de um dia para outro, uma grande figura do cenário mundial e, para os árabes, um dos maiores heróis de sua história.

6

A era nasseriana não foi longa. Dezoito anos, se incluirmos tudo, de julho de 1952 a setembro de 1970, ou seja, do golpe de Estado à sua morte, e 11 anos, se nos limitarmos ao período em que os povos árabes maciçamente acreditaram nele, de julho de 1956 a junho de 1967, isto é, da nacionalização do Canal de Suez até a Guerra dos Seis Dias.

Uma idade de ouro? Certamente não foi o caso, se considerarmos o balanço, pois o presidente egípcio não conseguiu tirar o país do subdesenvolvimento, não estabeleceu instituições políticas modernas, seus projetos de união com outros Estados fracassaram e tudo isso foi coroado pela monumental derrocada militar frente a Israel. Entre os árabes, no entanto, a impressão que permanece daqueles anos é a de terem sido, por um tempo, donos de sua própria história, e não figurantes inócuos, insignificantes e desprezados, e a de que tiveram um líder no qual se reconheciam. E, mesmo que aquele presidente tão adulado não fosse

As legitimidades perdidas

um democrata, que tivesse chegado ao poder por um golpe de Estado militar e se mantivesse graças a eleições fraudulentas, ele parecia legítimo, bem além das fronteiras do próprio país, enquanto os dirigentes adversários pareciam ilegítimos, mesmo que herdeiros das mais antigas dinastias e até descendentes do Profeta.

Com Nasser, os árabes tiveram a sensação de recuperar a dignidade e de poder voltar a caminhar de cabeça erguida entre as nações. Até então, e há muitas gerações, inclusive por séculos, eles só tinham conhecido derrotas, invasões estrangeiras, tratados desiguais, capitulações, humilhações e a vergonha de caírem tão baixo, depois de terem conquistado a metade da Terra.

Cada árabe carrega em si a alma de um herói decaído e uma ilusão de revanche contra todos que o passaram para trás. Se lhe prometem isso, ele ouve, com um misto de expectativa e de incredulidade. Se a oferecem, mesmo que de forma parcial e simbólica, ele se inflama.

Nasser pediu a seus irmãos que erguessem a cabeça. Em nome deles, ele desafiou as potências coloniais; em nome deles, enfrentou a "agressão tripartite"; em nome deles, triunfou. Foi um delírio instantâneo. Dezenas de milhões de árabes enxergavam apenas Nasser, pensavam apenas nele e por ele faziam juramentos. Todos estavam dispostos a apoiá-lo contra o mundo inteiro e, às vezes, até mesmo a morrer por ele. E também, é claro, a aplaudi-lo sem se cansar, gritando o seu nome, de olhos fechados. Quando ele tinha sucesso, era abençoado; quando sofria reveses, os inimigos eram amaldiçoados.

Pois, é verdade, o presidente egípcio teve altos e baixos. Com recuo, os anos Nasser parecem uma movimentada partida de xadrez, em que os jogadores ocupam uma casa, sob pressão abandonam-na, para retomá-la um pouco adiante, perdendo às vezes uma peça importante, mas logo fazendo o adversário perder outra — até o confronto final, que terminou com um "xeque-mate" surpreendente.

Assim, a título de exemplo, em fevereiro de 1958, a apenas 15 meses da batalha de Suez, Nasser entrou triunfante em Damasco. Sua popularidade na Síria era tamanha que os dirigentes do país haviam decidido lhe oferecer o poder. Uma "República Árabe Unida" foi proclamada, composta por uma província meridional, o Egito, e outra, setentrional, a Síria. O antigo sonho de reunificação árabe parecia em vias de se realizar. Melhor ainda: a grande república nasseriana correspondia exatamente ao reino construído, oito séculos antes, por Saladino: em 1169, ele chegara ao poder no Cairo e, em 1174, conquistara Damasco, cercando com tenazes o Reino Franco de Jerusalém. Incidentalmente, "al-Nasser", "aquele que traz a vitória", era o apelido de Saladino.

Nos meses seguintes à proclamação da República Árabe Unida, uma rebelião teve início em Beirute, contra o presidente Chamoun, acusado de ter apoiado os franceses e os britânicos, durante a crise de Suez. Exigiu-se sua demissão e alguns nasserianos chegaram a pedir a união do Líbano ao Estado egípcio-sírio. Vários outros países começaram a passar por uma efervescência nacionalista mais ou menos intensa.

Para enfrentar esses desafios, os reinos pró-ocidentais do Iraque e da Jordânia, governados por dois jovens soberanos, ambos com 23 anos e pertencendo à mesma dinastia hachemita, decidiram, por sua vez, proclamar um reino árabe unido. Mas essa "contraunião" sobreviveu apenas umas poucas semanas e, em 14 de julho de 1958, um golpe de Estado sangrento pôs fim ao projeto, derrubando a monarquia iraquiana. Toda a família real foi massacrada, e o velho inimigo de Nasser, Nuri es-Saïd, foi linchado pela multidão, nas ruas de Bagdá.

A maré nacionalista nasseriana parecia em vias de ganhar o mundo árabe inteiro, "do Oceano ao Golfo" e em grande velocidade. Nunca se tinha visto a teoria das pedras de dominó operar nesse ritmo. Todos os tronos foram sacudidos, a ponto de cair, principalmente o do rei Hussein, que parecia ameaçado por idêntica sorte que o de seu infeliz primo iraquiano.

Washington e Londres trocaram informações na manhã de 14 de julho e deram início a uma reação imediata. Já no dia seguinte, *marines* americanos abordaram as praias libanesas. Dois dias depois, grupos de ataque britânicos desembarcaram na Jordânia. Era uma maneira de dizer a Nasser que, se desse mais um passo, entraria diretamente em conflito armado com o Ocidente.

A resposta teve o efeito esperado. A vaga nacionalista passou ao refluxo. No Líbano, a rebelião perdeu a intensidade, e o presidente Chamoun pôde chegar ao fim de seu mandato. Na Jordânia, o rei Hussein não foi derrubado; precisou ainda enfrentar diversas ameaças — rebeliões militares, atentados contra ele próprio e contra os seus próximos. Porém, sobrevivendo a esse primeiro assalto, ele conseguiu salvar o trono.

Nasser sofreria ainda dois reveses graves. No Iraque, uma luta intestina rapidamente teve início entre os organizadores do golpe de Estado, tendo, de um lado, aqueles que queriam se alinhar com o Cairo e, de outro, os que preferiam manter alguma distância; e os amigos do *raïs* foram derrotados e afastados. Em vez de se juntar à República Árabe Unida, o homem forte do novo regime, o general Abdel-Karim Kassem, colocou-se como líder de uma revolução especificamente iraquiana e de conotação claramente esquerdista. Com isso, de um dia para outro, ele se tornou inimigo declarado de Nasser, e uma luta mortal teve início entre ambos. Em 7 de outubro de 1959, em plena Bagdá, o carro blindado de Kassem foi crivado de balas. O dirigente escapou, com poucos arranhões; seu agressor, ferido na perna, conseguiu escapar e atravessou a fronteira, refugiando-se em território sírio. Tratava-se de um militante nacionalista de 22 anos, chamado Saddam Hussein.

O outro fracasso se revelaria ainda mais devastador para Nasser. No amanhecer de 28 de setembro de 1961, um golpe de Estado militar estourou em Damasco. Proclamaram-se o fim da união com o Cairo e a restauração da independência Síria. Os nacionalistas árabes denunciaram esse ato "separatista" e acusaram os golpistas de serem patrocinados pelo colonialismo, pelo sionismo, pela reação e pelas monarquias petrolíferas. Mas ninguém, na época, ignorava que a população síria suportava cada vez menos o domínio egípcio, que, além do mais, se exercia, sobretudo, por intermédio de agentes do serviço secreto. Assim como Bagdá, Damasco é uma das capitais históricas do mundo muçulmano; a primeira foi a sede do califado abássida e a segunda, do califado omíada. Tanto uma quanto outra estariam contentes de ser, para o Cairo, uma irmã, mas não uma servente. Esse tipo de sentimento estava disseminado na população, sobretudo no seio da burguesia urbana e dos proprietários fundiários, arruinados pelas nacionalizações empreendidas por Nasser.

A estrela do *raïs* egípcio parecia prestes a se apagar em definitivo. Sua popularidade junto às multidões certamente se mantinha intacta na maioria dos países árabes, mas os adversários, tanto regionais quanto no Ocidente, já respiravam mais tranquilamente, persuadidos de que a vaga nacionalista inicial permaneceria uma lembrança apenas.

De repente, porém, a onda voltou a crescer, mais forte e mais extensa do que antes.

Durante o verão de 1962, a Argélia independente passou a ser comandada por Ahmed Ben Bella, um ardente admirador de Nasser. No mês de setembro, "Oficiais Livres", inspirados no exemplo do Egito, derrubaram a monarquia mais retrógrada de todas, a dos imãs do Iêmen: uma república foi proclamada, à qual Nasser prometeu dar toda ajuda necessária, e, em curto prazo, milhares de soldados egípcios desembarcaram no sul da península Arábica, fazendo com que tremessem as monarquias petrolíferas.

Em 8 de fevereiro de 1963, oficiais nacionalistas árabes tomaram o poder em Bagdá; Kassem foi sumariamente executado, e seu corpo exposto diante das câmeras de televisão. O novo chefe do governo era o coronel Abdessalam Aref, um fiel aliado de Nasser. Um mês depois, em 8 de março, um golpe de Estado semelhante aconteceu em Damasco, onde se proclamaram o fim do "separatismo" e o desejo de se reconstituir a União com o Egito, o Iraque e talvez também o Iêmen, a Argélia e, quem sabe, em seguida, o Líbano, a Líbia, o Kuwait, o Sudão, a Arábia etc.

De repente, em poucos meses, o sonho nasseriano de reunificação árabe parecia ressuscitar, mais vivo do que nunca. Os novos dirigentes iraquianos e sírios foram em visita oficial ao Cairo para negociar os termos de uma nova união, cujo projeto foi anunciado solenemente em 17 de abril de 1963. Desse modo, teria início um poderoso Estado árabe, reunindo as três grandes capitais imperiais: Cairo, Bagdá e Damasco. O nacionalismo árabe parecia às vésperas de um triunfo histórico sem precedentes. Seus adeptos se inflamaram e seus adversários se alarmaram. Ninguém, porém, podia imaginar o quanto o final estava próximo.

7

O novo refluxo seria tão rápido quanto o fluxo. Nas semanas seguintes ao acordo sobre a nova união, soube-se que as negociações no Cairo tinham, na verdade, se passado muito mal. Os dirigentes sírios e iraquianos, que pertenciam ao mesmo partido panarabista, o Baath, "a Ressurreição", desejavam uma parceria que tornava Nasser chefe do novo Estado, mas deixava para eles, na prática, o poder em suas respectivas regiões. Evocando os erros cometidos por ocasião da primeira tentativa unitária, eles não queriam que seus países fossem governados por algum vice-rei obediente às ordens do dirigente egípcio. Este, por sua vez, não tinha a menor vontade de ser presidente nominal de um Estado dominado por aqueles baassistas, em quem ele não confiava e pelos quais não tinha simpatia. Certamente haviam sido os responsáveis pelos dois golpes de Estado, mas era ele, Nasser, o porta-estandarte da reunificação árabe; nele, os povos se reconheciam e era a ele que queriam

As legitimidades perdidas

como chefe, e a ninguém mais. Em curto espaço de tempo, essa diferença degenerou em violenta queda de braço. Em Bagdá, o duelo se concluiu provisoriamente em vantagem para o presidente egípcio, mas, quando os nasserianos da Síria se rebelaram contra os baassistas, a revolta foi esmagada no sangue, com várias centenas de mortos.

No Iêmen, os monarquistas, apoiados pela Arábia Saudita, se opuseram ferozmente ao novo regime republicano e conseguiram pôr em apuros o corpo expedicionário egípcio. A aventura se tornou um desastre dos pontos de vista militar, financeiro e também moral, uma vez que alguns soldados não se comportaram como "libertadores", mas como invasores e, às vezes, até mesmo saqueadores.

Outro golpe duro contra Nasser: em junho de 1965, seu amigo Ben Bella foi derrubado por um golpe de Estado militar, e o novo presidente argelino, Huari Boumediene, imediatamente tomou distâncias com relação ao Cairo.

O refluxo era maciço. Inclusive fora do mundo árabe, o presidente egípcio perdia seus aliados mais próximos. O ganense Kwame Nkrumah, porta-voz da reunificação africana e fervoroso admirador do *raïs* — a ponto de batizar seu filho Gamal —, foi derrubado, em fevereiro de 1966, por um golpe de Estado militar. Foi, em seguida, a vez do indonésio Sukarno, figura emblemática do movimento dos não alinhados;

em 11 de março de 1966, ele foi obrigado a ceder o poder ao general pró-americano Suharto.

Para terminar, e concluindo o isolamento de Nasser, seu último aliado fiel entre os dirigentes árabes, o presidente iraquiano Abdessalam Aref, desapareceu, em 13 de abril de 1966, em circunstâncias nunca esclarecidas. Estava em visita ao Sul do país, na região de Bassora, e seu helicóptero começou a girar no ar, visivelmente descontrolado; de repente, a porta se abriu e o presidente caiu. Bateu de cabeça no chão e teve morte instantânea.

O estranho acidente não podia ocorrer em pior momento para Nasser, que, mais do que nunca, precisava de aliados confiáveis, uma vez que a paisagem política regional começava a contar com muitos movimentos e personagens que contestavam sua autoridade, como o partido Baath ou, mais recentemente, o Fatah.

Quando, em 1º de janeiro de 1965, um comunicado anunciou a primeira operação militar de uma organização palestina até então desconhecida, o presidente egípcio imediatamente compreendeu que o ato não se dirigia apenas contra Israel ou a Jordânia, mas também contra ele. Até então, de todos os árabes, os palestinos eram os que apoiavam o *raïs* com maior entusiasmo. Eles, que haviam sido obrigados a deixar suas casas ao ser criado o Estado judeu e contavam regressar graças a uma vitória árabe, em sua maioria

As legitimidades perdidas 149

viviam em campos de refugiados, dirigindo a Nasser todas as suas esperanças.

Ele próprio nunca perdia uma oportunidade de fustigar o "inimigo sionista", lembrando o revés que tinham sofrido por ocasião da crise de Suez e prometendo outras vitórias futuras. Os palestinos estavam convencidos de que a mobilização nacionalista organizada pelo presidente egípcio era o único caminho a lhes permitir a vitória. Mas alguns deles começavam a se impacientar. Estavam cansados de ver a sua batalha constantemente sacrificada por outras prioridades, sempre diferida. É verdade, Nasser não tinha pressa para entrar em guerra contra Israel. Precisava antes construir a reunificação árabe, extirpar o colonialismo, consolidar a economia socialista, abater os regimes reacionários etc. Para os fundadores do Fatah, os palestinos deviam conduzir o combate eles próprios, segundo uma programação própria. O primeiro comunicado deles correspondia a uma declaração de independência — e também de desconfiança — com relação aos dirigentes árabes e, estranhamente, com relação ao primeiro deles, Nasser.

Em vários ambientes, aliás, cresciam sarcasmos tendo o *raïs* como objeto. Não tivera tempo, desde 1956, de se preparar para a guerra contra Israel? Não tinha já suficientes armamentos conseguidos com os soviéticos? Não tinha comprado aviões, tanques e até submarinos? Era estranho que nem um único tiro tivesse sido disparado contra o inimigo comum!

O presidente egípcio não era insensível a essas críticas. Afinal, sua ascensão ao poder se dera como reação direta ao fracasso árabe de 1948 e com a promessa de reparação da afronta. Foi com essa perspectiva que as multidões o alçaram às nuvens. Em 1956, ele havia proporcionado um aperitivo para a vitória prometida e constantemente fazia menção, em seus discursos públicos, a outros combates no futuro próximo. As multidões o ouviam e nele confiavam. Não exigiam que se lançasse na batalha sem estar pronto, mas seu crédito moral não era inesgotável. Sobretudo se outros, e não ele, erguessem armas contra Israel.

E era precisamente o que vinha acontecendo, desde 1º de janeiro de 1965. As operações do Fatah se sucediam e seus comunicados encontravam espaço na imprensa. A minoria mais militante da opinião árabe aplaudia e, nas monarquias conservadoras, também eram saudadas as façanhas dos "fedaim", sobretudo quando comparadas à retórica mentirosa de Nasser, "que prefere enviar suas tropas para combater no Iêmen a mandá-las ao Neguev, a Jaffa ou à Galileia".

A posição do presidente egípcio se tornou ainda mais embaraçosa quando Israel começou a reagir violentamente aos ataques do Fatah.

Na noite de 11 a 12 de novembro de 1966, uma patrulha israelense da fronteira teve três soldados mortos e seis feridos na explosão de uma mina.

Certos de que os grupos palestinos de ataque vinham do vilarejo de Samou, na Cisjordânia — que então pertencia ao reino da Jordânia —, os israelenses lançaram, no dia 13, uma pesada operação de represália. Mas, em vez de encontrarem os "fedaim", esbarraram num destacamento do exército hachemita: uma violenta batalha teve início, inclusive envolvendo, em determinado momento, a aeronáutica. Dezesseis soldados do rei Hussein foram mortos, assim como o coronel israelense que comandava a operação; no vilarejo, dezenas de casas foram destruídas e três civis perderam a vida.

A ação israelense foi condenada ou, no mínimo, violentamente criticada mais ou menos por todo mundo, não somente pelos árabes, pelos soviéticos e pelos não alinhados, que normalmente condenavam tudo que Israel fazia, mas também pelos americanos, inconformados com aquela iniciativa, que podia desestabilizar um dos raros regimes moderados do mundo árabe, justamente aquele que, desde sempre, se mostrou o menos hostil ao Estado hebreu.

Inclusive em Israel, muitos acharam a ação mal-orquestrada e bastante mal-executada. Moshe Dayan, ex-chefe do Estado-Maior e futuro ministro da Defesa, perguntou-se por que atacavam a Jordânia, se todos sabiam que era a Síria que financiava e armava os "fedaim". A ideia de ter havido um engano de alvo foi imediatamente admitida pela maior parte dos dirigentes, com promessas de, na próxima vez, "bater à porta certa".

De fato, a atenção se voltou cada vez mais para Damasco, tendo em vista seu apoio aos militantes palestinos e também pelos incidentes cada vez mais frequentes entre a artilharia síria de Golan e as tropas israelenses com base nas colônias da Galileia. Em 7 de abril de 1967, uma escaramuça de fronteira, sem grande importância, degenerou em confronto aéreo no céu de Damasco. Seis aviões sírios foram abatidos.

Todos esses acontecimentos ganhavam grande repercussão na opinião pública árabe, trazendo incessantemente a seguinte pergunta: o que fazia Nasser? O que fazia o exército egípcio? E, quando as pessoas não perguntavam espontaneamente, uma parte da mídia se encarregava disso, lembrando que o *raïs* não corria o risco de ser atacado como os jordanianos ou os sírios, "já que se esconde como uma mocinha tímida nas saias das Nações Unidas" —, alusão ao fato de observadores internacionais estarem postados em Gaza e ao longo da fronteira entre o Egito e o Estado judeu, desde a guerra de Suez, como condição para que as tropas israelenses aceitassem se retirar do Sinai e com o consentimento de Nasser, depois de obter do secretário-geral da ONU, na época o sueco Dag Hammarskjöld, a promessa de retirá-los assim que o Cairo pedisse.

A acusação de "timidez" se tornou, naqueles anos, o *leitmotiv* para todos os adversários de Nasser, tanto à direita quanto à esquerda. A mídia árabe ligada às monarquias jordaniana, saudita e iraniana — então agrupadas num "pacto islâmico" para fazer

As legitimidades perdidas

barreira contra o presidente egípcio — nunca perdia a oportunidade de assinalar a distância entre seus arroubos verbais e comportamento prático. Mas igualmente virulenta era a imprensa oficial de Damasco, que não hesitava em utilizar, referindo-se ao *raïs*, vocabulário até então reservado aos dirigentes pró-ocidentais, falando de covardia, de capitulacionismo e acusando-o de deixar o exército egípcio longe do campo de batalha, enquanto as tropas sírias, diziam, se encontravam no *front*, prontas e dispostas a se bater contra o inimigo e a esmagá-lo.

Nasser não podia aceitar isso serenamente. Se fossem somente as invectivas e as fanfarronices, ele talvez se acomodasse. Mas a tensão aumentava na região e ouvia-se um insistente marchar de botas. Chegariam, realmente, a confrontos militares? Ele sabia que os inimigos o empurravam ao erro, desconfiava das intenções de Tel-Aviv, de Washington, de Londres, de Amã, de Riade, assim como das atitudes de Damasco e das movimentações armadas palestinas. Em particular, a seus próximos, ele garantia que manifestamente procuravam fazê-lo cair numa armadilha e que ele não a aceitaria.

Mesmo assim, se a tensão continuasse a crescer e, efetivamente, impusesse a guerra, como, diabos, poderia permanecer de braços cruzados? Como o porta-estandarte da nação árabe deixaria seu exército afastado, se outros exércitos árabes cruzassem armas com o inimigo comum?

Em 12 de maio, as agências de imprensa registraram as declarações de um militar israelense de alta patente, afirmando que seu país estava decidido a derrubar o regime sírio, se este continuasse a dar apoio aos "fedaim". No dia seguinte, uma personalidade egípcia que tinha ainda um papel de pequeno destaque, Anuar el-Sadat, presidente do parlamento, voltando de uma banal visita de cortesia à Mongólia e à Coreia do Norte, fez uma breve escala em Moscou. Esperava ser polidamente cumprimentado por algum funcionário do protocolo, mas foram os mais altos dirigentes da URSS que se juntaram a seu redor para anunciar que, segundo os seus serviços de informações, os israelenses haviam concentrado 15 divisões na fronteira norte e era iminente a invasão da Síria "em, no máximo, dez dias". Assim que chegou ao Cairo, Sadat correu ao encontro de Nasser, que confirmou ter o embaixador soviético acabado de lhe passar a mesma informação.

O *raïs* achou não ter outra escolha senão enviar o exército ao Sinai, pedindo à ONU que retirasse seu contingente, o que foi feito sem demora. Os soldados egípcios assumiram posição em Gaza e, sobretudo, em Charm-el-Cheikh, que controla o estreito de Tirã e o acesso ao golfo de Ácaba, por onde Israel há anos recebia carregamentos de petróleo iraniano, por um acordo secreto com o xá. Enquanto essa passagem esteve nas mãos das forças internacionais, Nasser permitiu, mas a partir do momento em que suas próprias forças estavam naquela área, não era mais possível fechar os olhos. Ele teria de tolerar o tráfico ou interrompê-lo.

As legitimidades perdidas 155

As multidões, que, até duas semanas antes, nunca tinham ouvido falar no estreito de Tirã, passaram a exigir que fosse bloqueado; a imprensa seguiu inteira no mesmo sentido, tanto aquela que apoiava o *raïs* quanto a que o combatia. Ninguém ignorava que o fechamento do estreito levaria inevitavelmente à guerra entre Egito e Israel. Era uma guerra que todos queriam, uns para acabar com o Estado judeu e outros para acabar com Nasser.

8

Ao receber a mensagem sobre a iminente invasão da Síria, o *raïs* enviou a Damasco seu chefe de Estado-Maior, Mohamed Fawzi, um homem de confiança, encarregado de manifestar sua solidariedade, propor ajuda, mas também verificar no local a confiabilidade das informações que os soviéticos haviam transmitido.

Ao voltar, Fawzi resumiu a situação com uma expressão egípcia coloquial: *"Ma fich hâga!"* — "Não está acontecendo nada!" Como assim?, perguntou o *raïs*. O general respondeu: "Os israelenses não estão concentrados na fronteira, e os sírios não parecem esperar nenhuma invasão iminente." Nasser ficou extremamente perplexo, mas não podia recuar. Suas tropas já avançavam pelo Sinai, os Capacetes Azuis levantavam acampamento e, na opinião pública, a temperatura não parava de subir.

Como muitos grandes oradores, Nasser sempre se mostrou sensível à temperatura ambiente do seu público, sobretudo no que concernia ao tema israelense-árabe, ficando muitas vezes prisioneiro da própria retórica. Naqueles dias quentíssimos de 1967, estava claro que a opinião pública não podia mais ser controlada e que a tendência da multidão ditaria a maneira de agir daquele cujo nome ela gritava.

Quando foi proclamado, em 22 de maio, o fechamento do estreito de Tirã para a navegação, o efeito soou mais alto do que em qualquer outro momento de sua carreira. No mesmo dia, passeatas de manifestantes se organizaram em todas as cidades árabes, do Magreb ao Iraque. Um slogan era incessantemente repetido: "Ontem nós nacionalizamos o canal, e hoje fechamos o estreito." Com o recuo do tempo, esse "nós" pode fazer sorrir, mas correspondia, na época, a um sentimento verdadeiro. As multidões árabes espontaneamente se reconheciam em Nasser e reivindicavam suas decisões políticas como se elas próprias as tivessem ditado. Coisa que, se pensarmos bem, era perfeitamente ilusória e, ao mesmo tempo, profundamente real.

O presidente egípcio parecia, naqueles dias, no auge de seu poder. A adesão dos povos árabes ao combate que se preparava e ao chefe que o conduziria era tão maciça que nenhum outro dirigente poderia se colocar no caminho. A reação mais espetacular foi a do rei Hussein, que havia sido o mais determinado adversário, desde a ascensão do *raïs*. Até então, entre os dois dirigentes assistira-se a uma luta sem trégua. De repente, no amanhecer de 30 de maio, o monarca hachemita decolou a bordo de seu avião particular em direção ao Cairo, onde anunciou ao velho inimigo que poria todos os recursos de seu reino à sua disposição para aquela guerra. Surpreso e ainda desconfiado, Nasser aceitou sob a condição de um oficial do Estado-Maior egípcio assumir o comando do exército jordaniano. Hussein concordou sem protestar.

Essa reviravolta espetacular merece atenção. O "reizinho" não era grande orador nem demagogo, mas ferozmente apegado à independência de seu país. Também não era um inimigo histórico do Estado hebreu, em busca de alguma revanche militar. Ao longo de todo o seu reinado, que duraria quase meio século, ele evitou se dobrar diante dos tabus árabes com relação ao "inimigo sionista", encontrando, com frequência, dirigentes israelenses em suas viagens ao exterior. Chegou, inclusive, a fazer, em 1995, em Jerusalém, o elogio fúnebre de Yitzhak Rabin, chamando de "amigo" aquele que havia conquistado a Cidade Santa à custa dele próprio.

Se, em maio de 1967, Hussein escolheu se ligar a Nasser, foi por ser suicídio ir contra a legitimidade patriótica do momento. Não tomar parte na guerra que se anunciava seria devastador para a monarquia hachemita, qualquer que fosse o resultado dos combates: uma vitória árabe colocaria Nasser em boa situação para demolir o trono jordaniano; uma derrota árabe dirigiria a crítica, antes de tudo, a quem tivesse se negado a lutar. Com a guerra se tornando inevitável, Hussein entendeu que deveria dela participar ao lado do Egito e até mesmo sob as suas ordens. É como funciona o instinto de legitimidade. Provavelmente o monarca perderia a Cisjordânia, mas ela estava, de qualquer forma, perdida, fosse para os israelenses, fosse para os insurretos árabes, assim que a guerra começasse. Ele não poderia continuar a governar milhões de palestinos se não participasse do combate pela Palestina.

O rei se comportaria do mesmo jeito, um quarto de século mais tarde, por ocasião da primeira guerra do Iraque. Enquanto o mundo inteiro se coligava contra Saddam Hussein, o monarca hachemita se colocou do seu lado. Por querer sua vitória? Certamente não. Por acreditar numa possível vitória iraquiana? De forma alguma. Nessa outra virada crucial da história do Oriente Médio, o rei simplesmente preferiu errar junto com seu povo a ter razão contra ele.

A atitude do soberano, em 1967, se torna mais compreensível quando comparada à de outro vizinho de Israel, o Líbano. Seus dirigentes da época tomaram a decisão que parecia mais razoável, a de não participar da guerra, mas, ao agirem assim, perderam a legitimidade patriótica aos olhos de boa parte dos cidadãos. Com isso, o país caiu num lamaçal histórico, do qual até hoje não desatolou, 40 anos mais tarde.

Desde o ano de 1968, movimentos armados palestinos começaram a lançar ataques a partir do território libanês. Quando os israelenses responderam com violência e as autoridades de Beirute, incapazes de se defender dos ataques do poderoso vizinho, decidiram agir contra os "fedaim", uma parte da opinião pública tomou as dores desses últimos, contra o seu próprio governo. O argumento que incessantemente voltava era o de que o exército libanês, que não havia lutado contra o inimigo, devia pelo menos não atrapalhar os que lutavam.

Os políticos mais ajuizados podiam repetir à vontade que, naquela guerra de 1967, os países árabes tinham cometido um dos atos mais impensados de toda a sua história, e que, se o Líbano tivesse participado, ao lado dos três outros vizinhos de Israel, teria perdido — como o Egito, como a Síria e como a Jordânia — uma parte do território, e seu exército provavelmente seria desmantelado, sem nada modificar na relação das forças nem no resultado dos combates. Ninguém podia, seriamente, contestar nada disso. Mesmo assim, uma parte significativa da população deixou de se reconhecer com o governo e com o próprio exército, não suportando mais vê-los agir contra os que davam prosseguimento ao combate, de armas em punho. Alguns libaneses, principalmente os que pertenciam às comunidades muçulmanas e aos partidos de esquerda, chegaram a considerar que o verdadeiro exército nacional era o dos combatentes palestinos, sendo o outro o dos partidos cristãos e de direita. O exército regular começou a se desintegrar e o Estado central perdeu o controle do território.

A região do país que mais sofreu foi o sul. Era onde os "fedaim" estavam baseados, de onde lançavam seus ataques e para onde se dirigiam as respostas israelenses. A população local, de maioria xiita, se

As legitimidades perdidas

sentia menosprezada, abandonada, vítima, presa entre dois fogos. Chegou a amaldiçoar tanto os palestinos quanto os israelenses.

Desses ressentimentos, nasceu o Hezbollah. Em 1982, o exército israelense, no final de uma guerra que o tinha levado a Beirute, resolveu não se limitar a expedições punitivas locais e simplesmente ocupar o sul do Líbano, de maneira a solidamente isolar a fronteira. Militantes xiitas, inspirados, armados e financiados por correligionários do Irã, se lançaram então num movimento de resistência que se revelou, desde o início, muito eficaz. Pouco a pouco, os libaneses, por tanto tempo criticados pelos outros árabes por terem sido os únicos a não terem participado do combate, surgiram como os únicos a saberem lutar, a ponto de obrigar o exército israelense a deixar o país, em maio de 2000, e depois derrotá-lo, na guerra do verão de 2006.

Assim, nos anos seguintes à guerra de 1967, os três vizinhos de Israel que participaram dos combates chegaram a arranjos — tratados, no caso do Egito e da Jordânia, e um *modus vivendi*, para a Síria — que tornaram perfeitamente pacíficas suas fronteiras com o Estado hebreu. Apenas o quarto vizinho, que não quis participar da guerra, não conseguiu obter a paz. Desde então, vem sendo atormentado. Teoricamente, seus dirigentes da época foram sensatos, permanecendo fora do conflito. Na prática, entretanto, o preço pago pelo Líbano por sua não participação na guerra foi mil vezes mais pesado do que se tivesse tomado parte dela.

9

Mas fecho este longo parêntese sobre o modo de funcionamento da legitimidade para voltar àqueles dias de maio e junho de 1967, em que Nasser assumiu as rédeas da nação árabe, prometendo levá-la à esperada vitória. Suas forças armadas e as de Israel estavam frente a frente.

Depois de pensar em assumir primeiro o ataque, o *raïs* desistiu, achando que seria politicamente desastroso e que os americanos interviriam, nesse caso, maciçamente, ao lado de Israel, deixando os soviéticos pouco à vontade. Se, entretanto, aceitasse ser atacado antes, estaria imediatamente em ótima situação diplomática, e o mundo inteiro se posicionaria a seu lado, a começar pela França do general De Gaulle, com os Estados Unidos ficando em má situação para se engajar plenamente ao lado do agressor. De qualquer maneira, ele achava, os combates se prolongariam por semanas, se estenderiam por todas as frentes, reforços afluiriam de todos os países árabes, com os israelenses se esgotando, forçosamente. Acabariam chegando a algum acordo que seria, para o Egito, e para ele próprio, uma vitória política maior.

É claro, tal atitude teria um custo que Nasser não ignorava. Deixando os israelenses atirar primeiro, ele assumia um risco. Mas, acreditava, seria um risco calculado. Seu braço direito, o marechal Abdel-Hakim Amer, lhe assegurara que, mesmo que todos os bombardeiros israelenses atacassem ao mesmo tempo, o Egito só perderia 10% ou 15% de seus aviões e, em poucos dias, os soviéticos os substituiriam.

O que Nasser não tinha de forma alguma previsto é que o primeiro ataque dos israelenses liquidaria a força aérea egípcia. Foi, no entanto, o que aconteceu, na manhã de segunda-feira, 5 de junho de 1967. Voando a baixíssima altitude, os bombardeiros atacaram em conjunto todos os aeroportos militares, estragando as pistas e destruindo os aviões no chão. O exército permanecia intacto e poderia ainda lutar por muito tempo no Sinai, dando ao presidente a possibilidade de se recuperar, substituir os aviões perdidos e até mesmo preparar uma contraofensiva. Mas o marechal Amer, em pânico e desespero, ordenou uma retirada geral, que se transformou em debandada.

Deixando o Egito fora de combate, o exército israelense se voltou para Jerusalém e a Cisjordânia, que conquistou após uma breve batalha nas ruas, e depois para o Golan sírio, que tombou sem grande resistência. No final de uma semana, os combates haviam cessado. Os vencedores denominaram o conflito "Guerra dos Seis Dias"; para os vencidos, primeiro foi "al-naksa", "o revés", e depois, simplesmente, "guerra de junho".

Essas designações anódinas mal disfarçam a dimensão do trauma sofrido pelos árabes naqueles dias. Não seria exagerado dizer que aquela guerra rápida constitui para eles, ainda hoje, a tragédia referencial que afeta toda a sua percepção do mundo e pesa sobre seus comportamentos.

Logo após a derrota, uma interrogação obsessiva se impunha a todos os árabes e a muitos muçulmanos por todo o mundo. Cada um a formulava à sua maneira e trazia as próprias respostas, mas, substancialmente, era a mesma pergunta: como semelhante desmoronamento podia ter acontecido?

Para desculpar seu fiasco, Nasser começou dizendo que o ataque não tinha vindo apenas de Israel, mas também dos americanos e dos britânicos. Podia não ser verdade, mas era útil para atenuar no curto prazo o desespero dos egípcios, assim como o do conjunto dos árabes. Ser derrotado por uma grande potência não era bom, mas estava na ordem das coisas, algo bem menos desonroso, em todo caso, do que ser batido por um pequeno Estado criado há 20 anos, com uma população dez vezes menor do que a do Egito e dispondo de um exército também menor.

A guerra de 1967 deveria lavar a afronta de 1948, quando o Estado judeu nascente enfrentou todos os vizinhos coligados; esperava-se que demonstrasse a

As legitimidades perdidas

recuperação da confiança por parte dos árabes, a retomada da glória passada. O renascimento nacional, sob a égide de Nasser, finalmente devolveria o lugar que lhes cabia entre as nações. Em vez disso, o fracasso fulgurante aniquilou toda autoestima, deixando-os, por muito tempo, numa relação de profunda desconfiança com relação ao mundo, visto como hostil, regido por inimigos e lugar no qual eles não tinham mais lugar. Ficou a sensação de que tudo que constitui a identidade árabe é detestado e desprezado pelo restante do mundo, e, ainda mais grave, algo lhes diz que, no fundo, tanta raiva e desprezo não são inteiramente injustificados. Esse duplo ódio — contra o mundo e contra si mesmo — explica em grande parte os comportamentos destrutivos e suicidas que caracterizam nosso início de século.

Esses comportamentos se tornaram tão frequentes, e até cotidianos, no Iraque e em outros lugares, que deixaram de nos sensibilizar. Parece-me igualmente útil lembrar que nunca, na história da humanidade, se assistiu a fenômeno de tamanha envergadura, nunca se atravessou uma época em que centenas, em que milhares de pessoas dessem provas de semelhante propensão à autoimolação. Todos os parâmetros históricos que às vezes são evocados para relativizar o fenômeno são grosseiramente inapropriados. Por exemplo, o episódio com os camicases japoneses, que eram membros de um exército regular e agiram apenas no último ano da guerra do Pacífico, mas definitivamente cessaram os ataques quando seu governo capitulou. Ou, no passado do mundo muçulmano, o episódio da "Ordem dos Assassinos", cujos adeptos sempre atacavam uma personalidade-alvo bem definida, sem jamais matar indistintamente; eles aceitavam ser presos e depois executados pelo ato cometido, mas nunca sacrificavam, eles mesmos, a própria vida. De qualquer forma, cometeram apenas um punhado de atentados, em dois séculos, tendo maior parentesco, então, com certos revolucionários russos da época czarista do que com os "martiristas" de hoje.

O desespero que inflama estes últimos não nasceu em 1967, nem em 1948, tampouco no final da Primeira Guerra Mundial. Resulta de um longo processo histórico, que acontecimento nenhum ou qualquer data bastam para resumir. É a história de um povo que conheceu um grande momento de glória, seguido por uma longa decadência. Há 200 anos ele aspira se levantar, mas volta a cair a cada tentativa. Derrotas, decepções e humilhações se sucederam até o momento em que surgiu Nasser e, com ele, acreditou-se que seria possível se reerguer, recuperar a autoestima e a admiração dos outros. Desabando mais uma vez, e de maneira tão espetacular, tão degradante, os árabes — e com eles o conjunto do mundo muçulmano — tiveram a sensação de tudo perder, irremediavelmente.

Uma revisão dilacerante se opera desde então, mas no amargor e no medo. E com um transbordamento da fé que mal disfarça a infinita desesperança.

As legitimidades perdidas

A derrota de Nasser, seguida por sua morte, em setembro de 1970, aos 52 anos, facilitou a emergência de diversos projetos políticos que entraram em competição para receber a sua herança.

No Egito, propriamente, o poder coube a Sadat, um personagem que parecia tímido e apagado, mas que se revelou, pelo contrário, audacioso e entusiasmado. O mais estranho em seu percurso, no entanto, não é isso, pois constituem verdadeira legião os herdeiros que, em toda a história e sob todos os firmamentos, souberam se manter encolhidos enquanto o patriarca estava vivo e cresceram assim que obtiveram o poder. Os homens fortes gostam de ter ao redor personagens que não se opõem, que não lhes fazem sombra e esperam sua hora sem impaciência visível. O mais estranho, no caso de Sadat, também não foi o fato de ele ter conseguido, em outubro de 1973, incomodar as posições do exército israelense, com uma investida de surpresa ao longo do Canal de Suez — conhecida em Israel como Guerra do Kippur e, no Egito, como Guerra de Outubro. O mais estranho é que, tendo sucesso onde Nasser fracassara, o novo *raïs* nem assim suplantou seu antecessor no coração dos árabes, sendo inclusive ridicularizado, injuriado, deixado "em quarentena" política e de tal forma diabolizado em certos meios que acabou assassinado.

Estranho, é verdade, e muito revelador para quem procura esmiuçar a questão da legitimidade. Temos um povo ainda sob o choque de uma derrota traumática;

de repente, um novo dirigente aparece e obtém, quando não uma vitória, pelo menos um semissucesso bastante honroso: ele deveria ser adulado, levado às nuvens, entronizado sem demora entre os grandes heróis da nação, mas é o contrário disso que ocorre! Se Sadat se tornou um ícone, foi para a opinião pública ocidental, e não para a opinião árabe. Esta em momento algum se identificou com ele. Nem antes de sua viagem espetacular a Jerusalém, em novembro de 1977, nem, sobretudo, depois. No coração dos árabes, nunca lhe foi dada aquela legitimidade instintiva, quase visceral, com que Nasser, apesar dos obstáculos, dos erros e das derrotas, pôde contar até a morte.

Provavelmente, de maneira inconsciente, Sadat não era amado por ter sucedido a Nasser, como um filho pode detestar o novo marido de sua mãe apenas por ele ter tomado o lugar de um pai adorado. Na França, por exemplo, todos que tiveram em mãos as rédeas do poder, depois de Napoleão I, sofreram ao ser comparados, e sobretudo aquele que tinha o mesmo nome; que o reinado do grande imperador tenha sido ruinoso e chegado ao fim com uma derrota e uma invasão estrangeira, isso nada muda, os povos são reconhecidos àqueles que lhes oferecem epopeia, sonho, admiração dos outros e amor-próprio. O momento napoleônico foi o último em que a França ocupou o primeiro lugar entre as nações da Terra e em que tentou reunir a Europa a seu redor pela força combinada das armas e das ideias. O momento nasseriano foi menos ambicioso, mas, na medida do que ainda parecia possível para os árabes, teve papel similar; e permanece, nas memórias, como a última grande cavalgada.

10

Do fracasso daquela aventura, cada um tirou os próprios ensinamentos. Sadat guardou uma profunda desconfiança com relação aos atoleiros árabes em que seu antecessor constantemente se perdera; iemenitas, jordanianos, palestinos, libaneses, sírios, líbios e outros estavam todos dispostos a resistir, dizia ele a seus íntimos, "até o último soldado egípcio".

Estimando que seu país havia suficientemente trabalhado, sem a devida retribuição, ele quis retirá-lo de uma vez por todas do conflito árabe-israelense que o havia esgotado e dificultava suas relações com o Ocidente próspero. Referindo-se aos árabes, Sadat pensava "eles", e não "nós"; talvez não o dissesse claramente, mas era como os interessados entendiam. Com isso, quando tomava uma decisão, os árabes não se apropriavam dela. E, mesmo que se mantivesse legítimo como presidente egípcio, ele não era mais visto — nem procurava assim se apresentar — como o chefe natural da nação árabe.

No final de sua vida, muitos árabes inclusive o colocavam decididamente entre os inimigos e os traidores. Não apenas a opinião pública nacionalista e islamita, que estava revoltada com sua reconciliação com o Estado hebreu, mas também boa parte dos dirigentes moderados e pró-ocidentais, que o criticavam por ter tornado a paz regional impossível, ao retirar do conflito o principal vizinho árabe de Israel. O raciocínio era o seguinte: as relações de forças no Oriente Médio já eram desfavoráveis aos árabes; se o Egito se desligar do conflito, o desequilíbrio será tamanho que Israel não vai querer ceder mais nada, e não somente os árabes não vão mais poder fazer a guerra, como também sequer conseguirão uma paz honrosa. Ao escolher o caminho da paz em separado, Sadat impossibilitou uma paz regional verdadeira e estabeleceu na região uma permanente instabilidade.

Os historiadores vão precisar de muitas décadas ainda para poder determinar com certeza se a iniciativa audaciosa do sucessor de Nasser, indo a Jerusalém, apertando a mão de Menahem Begin, de Moshe Dayan e discursando na tribuna do Knesset, marcou o início de uma movimentada marcha em direção à paz real entre israelenses e árabes ou ao enterro de toda e qualquer esperança de paz.

Abandonada por Sadat, a herança pan-árabe de Nasser foi cobiçada por muitos outros, principalmente por aqueles a quem a nova fortuna petrolífera parecia dar os meios para uma grande ambição. Foi o caso do dirigente líbio Muammar Kadafi, que montou vários projetos de união, até se cansar das brigas árabes e se voltar decididamente para a África. E do militante baassista Saddam Hussein, que conseguiu se colocar à frente de um país, tendo, ao mesmo tempo, uma população importante, grandes riquezas naturais e também uma dimensão histórica comparável à do Egito, pois foi o berço de várias civilizações antigas — Suméria, Acádia, Assur, Babel — e sede do mais prestigioso dos impérios árabes, o dos abássidas. Também ele teve a ambição de suplantar Nasser. Sem sucesso, e com o final desastroso que conhecemos.

Esses candidatos à sucessão do líder pan-árabe tinham, ambos, chegado ao poder na sequência da derrocada de 1967; um deles, o "oficial livre" líbio, apresentando-se como o filho espiritual do "oficial livre" egípcio e prometendo ajudar a reparar a afronta; e o outro, ativista iraquiano, zombando do *raïs* e das confusões de seu exército, prometendo apagá-lo das memórias graças às suas próprias façanhas militares.

Nunca, porém, Saddam seria visto pelos árabes como um novo Nasser; ele nunca gozou de uma verdadeira adesão popular, nem em seu país e menos ainda no restante da região. E se muitos se colocaram a seu lado quando esteve, por duas vezes, em guerra contra a América, não foi por confiarem nele pessoalmente, mas por não quererem assistir a uma nova derrota árabe, por não quererem passar uma vez mais pela vergonha, pela humilhação, pela destruição e pelos sarcasmos da Terra inteira.

É claro, milagre nenhum aconteceu, quem devia ganhar ganhou, quem devia perder perdeu, um país maior se desintegrou e os árabes afundaram um pouco mais no desespero e no amargor.

As duas derrotas de Saddam Hussein tiveram como consequência selar o destino da ideologia política que dominava o Oriente Médio há um século, a do nacionalismo pan-árabe.

É verdade que, já há algum tempo, essa doutrina mal se arrastava. Nasser a havia levado ao ápice e sua derrota só podia tirar o brilho daquele projeto. Sadat não foi o único responsável a decretar que, dali em diante, os interesses do seu próprio país passariam à frente dos interesses árabes. Os dirigentes que o criticavam não agiam de outro modo. Nem os iraquianos, nem os palestinos, nem os sírios, nem os jordanianos, nem ninguém mais. Cada um se agarrava aos interesses de seu país, e isso quando não de seu regime, de seu clã ou, simplesmente, de sua pessoa. Aliás, todas as experiências de reunificação tinham fracassado, restando apenas, da ideia pan-árabe, fórmulas rituais de que alguns políticos se serviam e nas quais acreditavam ainda uns poucos irredutíveis, mas que não influenciavam muito os comportamentos reais.

Por um tempo, após a derrota de 1967, buscou-se salvação no marxismo. Era a época de Che Guevara, da guerra do Vietnã e do maoísmo de exportação. Os árabes comparavam e se flagelavam. Logo após a derrocada de 1967, circulava uma história contando que um alto funcionário egípcio, furioso com o que acabava de acontecer, teria explodido na presença do embaixador soviético: "Todo esse armamento que vocês nos venderam não vale nada!" O diplomata teria simplesmente respondido: "Fornecemos o mesmo aos vietnamitas."

Verdadeira ou não, a brincadeira esclarece bem o problema. Como explicar que, com armas similares, um povo conseguiria enfrentar o mais poderoso exército do mundo, enquanto outro era batido por um vizinho pequeno? Para alguns, a resposta saltava aos olhos: era preciso deixar de lado o nacionalismo tradicional, "burguês" ou "pequeno-burguês", e adotar uma ideologia revolucionária "coerente", aquela dos povos que ganham. O movimento dos nacionalistas árabes, dirigido pelo doutor Habache, adotou oficialmente o marxismo-leninismo e a luta armada, passando a se chamar "Frente Popular pela Libertação da Palestina", nome em que não figurava mais o adjetivo "árabe" e nenhuma referência explícita ao nacionalismo. Um ramo iemenita desse movimento galgou o poder em 1969 e proclamou uma "democracia popular". Por todo lugar no mundo árabe, do Golfo ao Marrocos, intelectuais e organizações políticas "leninizavam" seus credos, suas alianças ou, às vezes, simplesmente o vocabulário. Uns faziam isso por oportunismo, outros por sincera convicção, por enxergarem nisso uma resposta para a derrota árabe e um progresso do pensamento, fora do conformismo social, fora do nacionalismo estreito. E uma opção para o futuro — pelo menos como se imaginava o futuro, naqueles anos. Pois o encanto com o marxismo-leninismo foi apenas uma breve etapa transitória entre a era dos nacionalistas e a era dos islamitas, um parêntese histórico que deixaria, ao se fechar, um gostinho amargo, que contribuiu para aumentar, em muitos povos, a sensação de desencanto, de raiva e de impotência.

Se o comunismo simplesmente tivesse sido derrotado pelas forças que combatia, provavelmente se teria perpetuado de maneira subterrânea, para se propagar depois em todas as regiões, como poderoso messianismo leigo. É claro, não foi como se passaram as coisas. Antes de ser arrasado por seus "inimigos de classe", ele já se havia fortemente desconsiderado. Sua abordagem das artes era castradora, sua concepção de liberdade de pensamento tinha parentesco com a da Inquisição, e sua prática do poder às vezes lembrava a dos sultões otomanos, que, ao assumirem o governo, cuidadosamente massacravam os irmãos e sobrinhos, com medo de que eles pensassem em disputar o trono.

Os exemplos que tenho em mente não são apenas os dos expurgos stalinistas. Tenho lembranças bem mais próximas, vindas dos dois únicos países muçulmanos que foram governados por movimentos explicita-

As legitimidades perdidas

mente marxista-leninistas, que foram o Iêmen do Sul, de 1969 a 1990, e o Afeganistão, de 1978 a 1992. Nos dois casos, o que se viu foram acertos de contas à metralhadora entre facções rivais em plena reunião do comitê político. Coincidência? Ocorrências similares tinham se dado nas décadas de 1930, 1940, 1950 e 1960, tanto em Moscou quanto em Praga, Belgrado e Tirana, em Pequim por ocasião da Revolução Cultural e, mais tarde, em Adis-Abeba, no tempo em que governava o Derg; e tudo isso sem falar do episódio Khmer Vermelho. Coincidência? Não, um modo de funcionamento, uma rotina, hábitos.

Falo disso com tristeza, porque naqueles movimentos se perderam seres de valor, que sinceramente queriam modernizar suas sociedades, incentivando a generalização do saber, a escolarização das meninas, a igualdade das oportunidades, a liberação dos espíritos, o enfraquecimento do tribalismo e a abolição dos privilégios feudais. Nas ruínas de suas esperanças traídas cresceriam, em Kabul e outros lugares, plantas bem diferentes.

11

O desejo de equidade e a preocupação com a verdade histórica impõem que eu acrescente às constatações acusatórias algumas outras, das quais os culpados não são os mesmos.

Assim como os soviéticos podem ser responsabilizados pelo desmantelamento inicial do Afeganistão, foram os americanos que organizaram o massacre da elite modernista da Indonésia. O mais populoso dos países muçulmanos possuía, até a metade dos anos 1960, um partido comunista contando com quase um milhão e meio de filiados, que participava do poder sob a condução do presidente nacionalista Ahmed Sukarno, artífice da independência. Sukarno havia estabelecido um regime leigo, autoritário sem ser sanguinário, e representava um papel de primeiro plano no cenário internacional; foi quem hospedou, em abril de 1955, a conferência afro-asiática de Bandung, que deu origem ao movimento dos não alinhados.

Irritados com a nacionalização das minas indonésias e com as relações que Jacarta estabelecera com Pequim e Moscou, os Estados Unidos, que começavam a se atolar no Vietnã, decidiram jogar pesado. O sucesso foi total. Com uma formidável encenação, cujos detalhes só se tornaram conhecidos décadas mais tarde, os comunistas e os nacionalistas de esquerda foram postos fora da lei, presos em massa e massacrados em quantidade, nas universidades, nas instituições públicas, nos bairros da capital e até nos mais recuados vilarejos. As mais sérias estimativas falam de 600 mil mortos, entre outubro de 1965 e o verão de 1966. O poder foi então confiado ao general Suharto, que estabeleceu, por 20 anos, uma ditadura obscurantista e corrupta — mas decididamente anticomunista. Ao sair desse túnel, a visão indonésia do islã, conhecida por ser a mais tolerante do mundo, deixara de ser. As perspectivas de secularização da sociedade tinham sido demolidas, como vítima "colateral" da luta contra o perigo comunista.

Era a Guerra Fria, pode-se dizer. Talvez. Mas se a desculpa não é aceita com relação aos crimes comunistas de Budapeste, em 1956, também não pode ser para os crimes anticomunistas de Jacarta em 1966. Um crime é um crime, um massacre é um massacre, e o extermínio das elites favorece a regressão.

A Indonésia, aliás, não foi o único país muçulmano em que os dirigentes defensores da independência política e da posse, pelo Estado nacional, de seus principais recursos naturais foram feroz e eficazmente combatidos pelo Ocidente. Por serem aliados da União Soviética? Às vezes, sim. Mas o processo, outras vezes, era o inverso, e as pessoas se voltavam para Moscou tentando enfrentar a animosidade das potências ocidentais, que não admitiam que quisessem mexer em "seu" petróleo, em "suas" minas, em "suas" plantações açucareiras ou frutíferas, em "seu" Canal de Suez ou do Panamá, em "suas" bases militares, em "suas" concessões — resumindo, em sua supremacia planetária.

No caso do Irã, que já evoquei, não há dúvida de que o doutor Mossadegh não tinha outro sonho senão o de estabelecer uma democracia pluralista e modernista, seguindo o modelo ocidental. Não tinha a menor intenção de formar uma ditadura marxista-leninista, nem um regime ultranacionalista, tampouco qualquer espécie de despotismo. Homem íntegro, apagado, depressivo, constantemente a dois passos de abandonar a vida pública para se isolar em sua biblioteca, mas profundamente indignado com a miséria e a injustiça, ele queria apenas que os recursos do Irã servissem para o avanço do seu povo. Por essa exclusiva razão, foi expulso do poder, em 1953, por um golpe de Estado planejado e executado pelos serviços secretos americanos e britânicos, como comprovam inúmeros relatos, alguns em forma de confissão, publicados desde então.

Não por acaso, essa traição, pelo Ocidente, de seus próprios princípios, desembocou, um quarto de século mais tarde, na revolução fundadora do islã político contemporâneo.

No tempo de Nasser, os movimentos islamitas militantes, principalmente o dos Irmãos Muçulmanos, eram obrigados a permanecer à sombra. Por causa da repressão que sofriam e também porque a popularidade do presidente egípcio, no mundo árabe, fazia com que todos os seus adversários parecessem "sustentáculos do colonialismo e do imperialismo".

Às vésperas da Revolução Egípcia, os "Irmãos" estavam bem-implantados em diversas camadas da sociedade e, sobretudo, no exército. Travavam um combate virulento contra o rei Faruk, contra as ingerências britânicas e, mais amplamente, contra a presença ocidental. A influência deles se propagou rapidamente, de tal forma que, quando da tomada do poder pelos "Oficiais Livres", em julho de 1952, muitos observadores imaginaram que essa organização, até então desconhecida, fosse uma emanação dos Irmãos, uma fachada ou talvez, simplesmente, seu braço militar. Sabe-se hoje, inclusive, que muitos dos golpistas eram de fato ligados ao movimento islamita, uns de maneira orgânica e outros mais informalmente.

Mas o principal mentor do golpe de Estado, Nasser, muito rapidamente considerou os Irmãos seus rivais. Eram fortes demais para que fossem um mero instrumento nas mãos dos Oficiais Livres e ele próprio não tinha a menor vontade de ser uma marionete. Entraram em conflito, Nasser tentou minar a influência da organização e, quando tentaram assassiná-lo, em 1954, ele mandou executar alguns dos dirigentes, prendeu outros, e os que puderam escapar da repressão fugiram para a Europa Ocidental, para os Estados Unidos ou para os países árabes que se opunham a Nasser, como a Jordânia ou a Arábia Saudita.

Quando o presidente egípcio nacionalizou o Canal de Suez, em 1956, e saiu politicamente vencedor do confronto com os britânicos, os franceses e os israelenses, tornando-se, de imediato, ídolo das multidões muçulmanas, os Irmãos não puderam mais se opor a ele abertamente. Toda vez que tentavam erguer a cabeça, a repressão se abatia sobre eles, como em 1966, quando seu mais brilhante intelectual, Sayyed Qotb, foi condenado à morte e enforcado, após um processo sumário. A opinião pública árabe, na época, não se sensibilizou minimamente, pois associava os islamitas aos "monarquistas reacionários" e aos países ocidentais, onde, aliás, eles tinham se refugiado.

Com o desmanche do nasserismo e a dilacerante revisão que veio a seguir, os islamitas puderam novamente ser ouvidos. "Nós bem que avisamos que não se devia confiar naquele enganador!" De início hesitante, baixa, meio subterrânea, essa voz foi se tornando cada vez mais segura, dominante e até mesmo ensurdecedora.

Tudo que aconteceu no mundo nas últimas décadas contribuiu para a vitória das teses defendidas pelos islamitas. Os sucessivos fracassos dos regimes ligados ao nacionalismo árabe acabaram levando ao completo descrédito essa ideologia e devolvendo credibilidade aos que sempre haviam dito que a própria ideia de uma nação árabe era uma "inovação" importada do

Ocidente, sendo o islã a única nação digna desse nome. A aceleração da globalização fazia crescerem a necessidade e a credibilidade de uma ideologia planetária que ignorasse as fronteiras e ultrapassasse as filiações locais; para uma pequena fração da população, foi o marxismo, mas para a maioria, só podia ser a religião. De qualquer maneira, o desmoronamento do campo soviético definitivamente pôs um fim a esse debate, beneficiando os movimentos islamitas. Mas sem que estes se transformassem em partidos de governo. E sem resolver o dilema das legitimidades perdidas.

Pois uma das consequências maiores das derrotas sucessivas de Nasser, de Saddam e de alguns mais foi a de que até mesmo a ideia de um chefe de Estado árabe poder enfrentar o Ocidente, como foi o caso nos anos 1950 e 1960, deixou de ser sustentável. Quem quiser manter o poder deve se tornar aceitável à superpotência, mesmo que, para isso, precise ir contra a sensibilidade de seu povo. Quem quiser se opor radicalmente à América, seja pelas armas, seja apenas pela violência retórica, em geral deve permanecer à sombra.

Dois universos políticos paralelos então se desenvolveram; um aparente, mas sem a adesão popular, e outro subterrâneo, dispondo de popularidade certa, mas incapaz de assumir duravelmente a responsabilidade do poder. Os representantes do primeiro são vistos como capatazes locais pagos pelo inimigo; os representantes do segundo não passam de foras da lei.

Nenhum dos dois dispõe de verdadeira legitimidade, uns porque governam sem o povo e, muitas vezes, contra a sua vontade, outros por serem manifestamente incapazes de governar, tanto pelo contexto global, hostil, quanto pela cultura política que têm, que os predispõe à oposição radical, à intransigência doutrinal e ao lançamento de anátemas, mais do que aos inevitáveis compromissos exigidos por qualquer administração governamental. É um impasse de que tiveram consciência os islamitas egípcios, sudaneses, argelinos, marroquinos e jordanianos, tendo se mostrado às claras quando o Hamas ganhou as eleições palestinas.

Para qualquer sociedade humana, a ausência de legitimidade forma um vazio que desajusta todos os comportamentos. Quando nenhuma autoridade, nenhuma instituição, nenhuma personalidade pode garantir uma real credibilidade moral, quando as pessoas passam a achar que o mundo é uma selva em que reina a lei do mais forte, em que tudo é possível, só se pode vagar na direção da violência assassina, da tirania e do caos.

Por isso, o desgaste da legitimidade no mundo árabe não pode ser considerado como um mero tema de reflexão para especialistas. Uma das lições do 11 de Setembro de 2001 é a de que, na era da globalização, nenhum desajuste permanece estritamente local, e, quando ele afeta o emocional, o amor-próprio e a vida cotidiana de centenas de milhões de pessoas, seus efeitos se fazem sentir por toda a extensão do planeta.

12

Após esse longo comentário sobre a perda de legitimidade que afeta os países árabes, volto um pouco a essa outra crise de legitimidade que contribui para o desajuste do mundo e tem a ver com o papel global dos Estados Unidos. E isso para sublinhar que a questão pertinente não é a de saber se a democracia americana funciona corretamente: no que me concerne, em todo caso, não conheço outras muito melhores. Mas mesmo que fosse o mais perfeito dos sistemas, mesmo que todos os eleitores com idade para votar exercessem esse direito em condições ideais, o problema permaneceria idêntico: a partir do momento em que os sufrágios dos cidadãos americanos, que representam 5% da população mundial, são mais determinantes para o futuro da humanidade inteira do que os dos 95% restantes, sem dúvida há, na gestão política do planeta, um mau funcionamento.

É um pouco como se fosse decretado que os habitantes da Flórida escolhessem sozinhos o presidente dos Estados Unidos, com todos os eleitores dos demais Estados da União elegendo apenas seus governadores e autoridades locais. Novamente tomo a Flórida como exemplo porque sua população representa, justamente, 5% da dos Estados Unidos.

É verdade que não nos sentimos indignados quando a preferência daqueles que têm o privilégio de votar recai sobre quem teríamos, nós mesmos, escolhido, mas essa coincidência só disfarça a anomalia, não a apaga.

No início desta segunda parte, escrevi que a "jurisdição" do governo americano cobre, hoje, o planeta inteiro. A palavra estava entre aspas, uma vez que a autoridade exercida por Washington não resulta absolutamente de um mandato que lhe tenha sido confiado pela população mundial. Em todo o território dos Estados Unidos, trata-se de uma representação de direito; no restante do planeta, é uma representação de legitimidade, na verdade contestável.

Não é fácil abordar essa questão e firmemente rejeitar o antiamericanismo sistemático, que chegou ao paroxismo nos primeiros anos do século. Mesmo assim, é a linha que insisto em seguir, primeiramente por convicção, visto que não me coloco, com relação a nosso "soberano" global, em situação de sujeição nem de rejeição, mas também por ser a única maneira de compreender os dramas de nosso tempo e buscar soluções. Deixarei então de lado a questão de saber se os Estados Unidos, desde a origem, manifestaram tendências expansionistas e hegemonistas. Não que a questão não me interesse, mas me parece supérfluo insistir nela, uma vez que todos os países usaram e abusaram do poder toda vez que tiveram a oportunidade, ao longo da História; e se os russos, os japoneses, os alemães, os ingleses e os franceses — para citar apenas as nações que sonharam com a hegemonia mundial no decorrer dos dois últimos séculos — pudessem ter chegado a uma situação global comparável à dos americanos, seu comportamento teria sido ainda mais arrogante. Não tenho dúvida de que o mesmo pode acontecer amanhã com a China ou a Índia.

Desse desajuste que se pode observar na gestão política dos negócios do planeta, os Estados Unidos certamente se beneficiam, mas também são vítimas. A menos que consigam remediá-las, suas relações pouco saudáveis com o restante do mundo podem provocar traumas internos mais duráveis e maiores do que os resultantes da aventura no Vietnã.

A posição que conquistaram ao sair da Guerra Fria, a de única superpotência global, representa para eles aquilo que em inglês se chama *mixed blessing*, isto é, uma bênção e uma maldição, ao mesmo tempo. Todo ser, físico ou moral, tem necessidade de limites externos impostos. Todo poder tem necessidade de um contrapoder para proteger os outros de suas extrapolações e também se proteger de si mesmo.

Trata-se, em política, de uma regra elementar, que vem a ser um dos fundamentos da democracia americana — o intangível princípio dos *checks and balances*, graças aos quais nenhuma instância pode exercer suas prerrogativas sem ter à sua frente outra instância que lhe sirva de demarcador. E é também, pode-se dizer, uma lei natural. Ao escrever isso, penso nas crianças que sofrem, ao nascer, de insensibilidade à dor e estão constantemente em perigo, por causa dessa patologia, pois correm o risco de se ferir muito gravemente sem sequer se dar conta disso; talvez até gozem de extasiante sensação de invulnerabilidade, mas que pode provocar comportamentos inconsiderados.

Pela sensação de poder impunemente fazer mais ou menos tudo que quiser no cenário internacional, a superpotência solitária comete erros que, na época da Guerra Fria, não cometeria.

De início, ela ainda se dava ao trabalho de convencer os outros de seu direito. Quando queria intervir militarmente em lugar que não fosse a América Central, os EUA se esforçavam para formar coligações que garantissem credibilidade. Quando as Nações Unidas pareciam não concordar, apelavam para a OTAN, como foi o caso na guerra do Kosovo, ou a forças locais significativas, como na primeira guerra do Iraque.

A última expedição relativamente consensual foi a do Afeganistão, depois do 11 de Setembro de 2001.

Graças à aversão universal inspirada pelos talibãs, cuja responsabilidade pelos atentados era manifesta, os americanos não tiveram a menor dificuldade para encontrar aliados, mas quando, 15 meses depois, procuraram ter igual apoio para invadir o Iraque, precisaram enfrentar uma verdadeira revolta diplomática global, que teve a França como seu porta-voz mais insistente e da qual tomaram parte a Alemanha, a Rússia, a China e a maioria dos países do mundo. A rebelião em grande parte se explicava pelo comportamento que o governo republicano dos EUA vinha tomando em diversos assuntos, como, por exemplo, aqueles referentes ao aquecimento planetário e à Corte Penal Internacional, dando a impressão de menosprezar e até mesmo desprezar a opinião de todas as demais nações, uma atitude já perceptível antes dos atentados, mas que se reforçou em seguida, como se a agressão de que acabavam de ser vítimas os liberasse de qualquer obrigação junto à comunidade internacional. Aliás, o governo ignorou as reticências do Conselho de Segurança das Nações Unidas, a oposição declarada da opinião pública mundial, armou um amontoado de pretextos e invadiu o Iraque, em março de 2003, com seu último bloco de aliados.

Sem surpresa, os americanos rapidamente derrotaram o exército iraquiano, mas a vitória militar logo se transformou em descontrole político e moral de consequências incalculáveis. Donos de uma cultura da transparência sem equivalente no restante do mundo, eles não param de dissecar esse mau passo para fazer sua autópsia, compreender como se chegou a tal ponto e como evitar que o mesmo se repita. Passaram a conhecer melhor os riscos inerentes ao exercício solitário do poder num mundo tão complexo, tão matizado quanto o nosso. Sabem que é permanecendo atento aos outros, dando ouvidos a todas as vozes, tanto a dos adversários quanto a dos aliados, que se podem evitar as armadilhas e interromper o avanço antes de saltar por cima das últimas balizas de proteção.

Poderíamos, aliás, nos perguntar se essa "insensibilidade à dor", que desajustou o comportamento de nosso soberano solitário, e afinal lhe causou bastante transtorno, não afetou igualmente nosso sistema econômico global.

Certamente a economia de mercado demonstrou ser superior à economia burocrática e dirigista, à qual ninguém quer voltar, sobretudo os ex-países comunistas. No entanto, tornando-se o modelo único, o capitalismo perdeu uma censura útil, provavelmente insubstituível, que o criticava em seu balanço social, alfinetava na questão dos direitos dos trabalhadores e na das desigualdades. E, apesar de esses mesmos direitos serem mais desrespeitados nos países comunistas do que na maioria dos países capitalistas, apesar de os sindicatos serem neles mais facilmente amordaçados, apesar de o sistema pernicioso da *nomenklatura* tornar mentirosas todas as referências ao princípio de

As legitimidades perdidas

igualdade, o fato apenas de haver aquela contestação, aqueles ataques, aquela retórica, aquela permanente pressão dentro de cada uma das sociedades, assim como em nível planetário, obrigava o capitalismo a se mostrar mais social, menos propenso às desigualdades, mais cuidadoso com os trabalhadores e com seus representantes. Era algo que se impunha como um corretivo necessário, no plano ético, no plano político e até mesmo, afinal, para uma gestão mais eficaz e racional da economia de mercado.

Sem esse corretivo, o sistema rapidamente degenerou, como um arbusto que se para de podar e volta ao estado silvestre. A relação com o dinheiro e com a maneira de ganhá-lo se tornou obscena.

Que não haja vergonha alguma em adquiri-lo, eu concordo. Que não haja também vergonha alguma em gozar dos frutos da prosperidade, sou totalmente a favor. Nossa época propõe tantas coisas boas e bonitas que seria um insulto à vida não usufruir disso. Mas que o dinheiro esteja completamente desconectado de qualquer produção, de qualquer esforço físico ou intelectual, de qualquer atividade socialmente útil? Que nossas bolsas de valores se transformem em gigantescos cassinos onde o destino de centenas de milhões de pessoas, ricas ou pobres, se decide em um lance de dados? Que nossas mais veneráveis instituições financeiras acabem se comportando de forma cafajeste e bêbada? Que economias de uma vida inteira de trabalho possam ser aniquiladas, ou então 30 vezes aumentadas, em poucos segundos e por procedimentos esotéricos que nem mesmo os banqueiros compreendem?

Trata-se de uma perturbação grave, cujas implicações ultrapassam de longe o universo das finanças ou da economia. Temos o direito de nos perguntar, tendo em vista o que se passa, por que as pessoas ainda trabalhariam honestamente, por que um jovem vai preferir ser professor, e não traficante, e como, dentro de tal ambiente moral, transmitir conhecimentos, transmitir ideias, como manter um mínimo de tecido social para que sobrevivam essas coisas tão essenciais para nós e frágeis, que se chamam liberdade, democracia, felicidade, progresso e civilização.

Será preciso ainda mais explicitamente acrescentar que o desajuste financeiro, talvez antes de tudo, é o sintoma de um desajuste em nossa escala de valores?

III

As certezas imaginárias

1

Referindo-se à crise moral do nosso tempo, às vezes se fala em "perda de referências", ou "perda de sentido", formulações com as quais não me identifico, pois deixam entrever que seria preciso "reencontrar" referências perdidas, solidariedades esquecidas e legitimidades desvinculadas do dinheiro. Do meu ponto de vista, não se trata tanto de "reencontrar", mas de inventar. Não será no retorno ilusório a comportamentos antigos que poderemos encarar os desafios da nova era. A sensatez começa com a constatação de o quanto nossa época é incomparável, de o quanto são específicas as relações entre as pessoas, assim como entre as sociedades humanas, de o quanto são específicos os meios que temos à nossa disposição, assim como os desafios que devemos enfrentar.

No que se refere às relações entre as nações e à gestão dos recursos do planeta, o balanço da História de modo algum é exemplar, pois esta última vem pontilhada de guerras devastadoras, de crimes contra a dignidade humana, de desperdícios maciços e de trágicas derivas — que nos conduziram ao marasmo de hoje. Melhor do que embelezar o passado e idealizá-lo, é preciso desfazer-se de certos reflexos adquiridos que se revelam desastrosos no contexto atual; deixar de lado, sim, preconceitos, atavismos, arcaísmos e entrar com passada decidida em fase bem diferente da aventura humana. Uma fase em que tudo está para ser inventado — as solidariedades, as legitimidades, as identidades, os valores, as referências.

Rapidamente dou uma precisão, para não haver qualquer mal-entendido. De fato, do meu ponto de vista, a solução não se encontra numa "volta" passadista a morais tradicionais nem a legitimidades antigas, mas também não se encontra no relativismo moral que, em nome de uma modernidade vulgar e preguiçosa, santifica o egoísmo sagrado, idolatra qualquer negação, mergulha no cada-um-por-si, para chegar ao pior dos preceitos: "Depois de mim, o dilúvio!" Um preceito ao qual as atuais perturbações climáticas podem vir a dar um sentido quase literal.

Essas duas atitudes opostas levam, por vias convergentes, ao mesmo desencanto. É de algo bem diferente que precisamos hoje em dia. Precisamos sair das legitimidades antigas, mas "por cima", e não "por baixo"; pelo caminho da construção de uma escala de valores que nos permita administrar, melhor do que fizemos até aqui, nossa diversidade, nosso meio ambiente, nossos recursos, nossos conhecimentos, nossos instrumentos, nosso poder, nossos equilíbrios, ou seja, em outros termos, nossa vida comum e nossa capacidade de sobrevivência, e não no caminho da rejeição de qualquer escala de valores.

"Valores" é uma palavra desgastada, mas versátil. Transita com facilidade entre o pecuniário e o espiritual. No campo das crenças, pode ser sinônimo de avanço ou de conformismo, de libertação moral ou de submissão. Então devo explicitar o sentido em que a emprego e as convicções nela embutidas. Não para atrair quem quer que seja à minha bandeira — não tenho nenhuma, mantendo-me a boa distância dos partidos, das facções, das capelas, nada é mais precioso, a meu ver, do que a independência do espírito —, mas parece-me justo, quando alguém expõe sua maneira de ver as coisas, que diga sem desvios em que acredita e aonde pretende chegar.

Do meu ponto de vista, sair "por cima" do desajuste que afeta o mundo exige a adoção de uma escala de valores baseada na primazia da cultura; diria, inclusive, baseada na salvação pela cultura.

Muitas vezes, atribuiu-se a André Malraux uma frase que ele provavelmente nunca pronunciou, segundo a qual o século XXI "sera religieux ou ne sera pas".[1] Imagino que as últimas palavras, "ou ne sera pas", significam que não poderemos nos orientar

---

[1] "Será religioso ou não será", isto é, não acontecerá, não haverá. (N.T.)

no labirinto da vida moderna sem alguma bússola espiritual.

O século mal começou, mas já sabemos que as pessoas podem se perder com a religião, como podem se perder sem ela.

Que a religião possa fazer falta, a sociedade soviética deu ampla demonstração disso. Mas sua presença abusiva pode também atrapalhar; era algo que já se sabia no tempo de Cícero, no tempo de Averróis, no tempo de Spinoza, no tempo de Voltaire; e, mesmo que tenhamos esquecido um pouco durante dois séculos, por causa dos excessos da Revolução Francesa, da Revolução Russa, do nazismo e de algumas outras tiranias irreligiosas, muitos acontecimentos, depois disso, vieram nos lembrar. Para nos levar, assim espero, a uma apreciação mais justa do lugar que a religião deve ocupar em nossa vida.

Ficaria tentado de dizer o mesmo do "bezerro de ouro". Acusar a riqueza material, culpar os que se esforçam em fazê-la crescer, é uma atitude estéril que constantemente serviu de pretexto às piores demagogias. Mas tornar o dinheiro o critério para qualquer respeitabilidade, a base de todo poder, de toda hierarquia, rapidamente destrói o tecido social.

A humanidade acaba de passar, em duas ou três gerações, por muitas derivas contraditórias. As do comunismo e as do capitalismo, as do ateísmo e as da religião. Devemos nos conformar a essas oscilações e aos desajustes que daí resultam? Não seríamos já experientes o bastante para tirar lições disso tudo? E pretender, enfim, escapar de tais dilemas debilitantes?

Que um escritor, ou qualquer outra pessoa trabalhando na área da cultura, queira defender uma escala de valores baseada na cultura, parece um tanto previsível demais e pode parecer ingênuo. Mas por causa de um mal-entendido no significado das palavras.

Considerar a cultura uma área como as outras, ou um meio de distração da vida para certa categoria de pessoa, é se equivocar com relação ao século em que vivemos, se enganar de milênio. O papel da cultura, hoje, é o de fornecer a nossos contemporâneos ferramentas intelectuais e morais que lhes permitam sobreviver — nada menos.

Como vamos preencher as dezenas de anos adicionais com que a medicina nos presenteia? Somos um número cada vez maior de pessoas a viverem por mais tempo e melhor; evidentemente ameaçadas de tédio, de medo do vazio e, ainda evidentemente, tentadas a escapar disso através do frenesi consumista. Se não quisermos esgotar rapidamente os recursos do planeta, será preciso privilegiar, tanto quanto possível, outras formas de satisfação, outras fontes de prazer, insistindo, sobretudo, na aquisição do saber e desenvolvendo uma crescente vida interior.

Não se trata de impor privações pessoais, nem de buscar a ascese. No que me concerne, sou um fervoroso epicurista e todo tipo de proibição me irrita. Muito felizmente, continuaremos a nos servir dos alimentos terrestres e, muitas vezes, a deles abusar — em ninguém jogarei a primeira pedra. Mas, se quisermos aproveitar por bastante tempo, e plenamente, o que a vida nos oferece, somos obrigados a modificar nosso comportamento. Não para reduzir o leque de sensações, mas, pelo contrário, para ampliá-lo, realçá-lo, buscar outras satisfações, que podem se revelar intensas.

Por exemplo, não se faz a distinção, referindo-se às fontes de energia, entre a fóssil, que se esgota e polui, e a renovável, como a solar, a eólica e a geotérmica, que não se esgotam? A mesma distinção pode ser feita ao nos referirmos ao nosso modo de vida. Podemos procurar satisfazer as necessidades e os prazeres da existência consumindo mais, porém isso tem um peso sobre os recursos do planeta e suscita tensões destruidoras. Mas podemos também satisfazê-las de outra forma, privilegiando a aprendizagem em todas as idades da vida, incentivando todos os nossos contemporâneos ao estudo das línguas, à paixão pelas disciplinas artísticas, a uma maior intimidade com as diversas ciências, para que se sintam capazes de apreciar o significado de uma descoberta da biologia ou da astrofísica. O conhecimento é um universo incomensurável, podemos dele consumir sem economia, pela vida inteira, e nunca vamos esgotá-lo. Melhor ainda: quanto mais consumimos, menos esgotamos o planeta.

Esta já seria razão suficiente para se considerar a primazia da cultura como uma disciplina de sobrevivência. Mas não é a única. Há outra, igualmente fundamental e que, por si só, justifica que se coloque a cultura no centro da escala de valores. Trata-se da maneira como ela pode nos ajudar a lidar com a diversidade humana.

Como podem essas populações de origens múltiplas que convivem em todos os países, em todas as cidades, continuar por muito tempo ainda a se ver através de prismas deformadores — algumas ideias herdadas, alguns preconceitos ancestrais, algumas imagens simplistas? Parece-me chegada a hora de modificar nossos hábitos e nossas prioridades para nos colocarmos mais seriamente à escuta do mundo em que estamos embarcados. Pois, em nosso século, não há mais estrangeiros, há apenas "companheiros de viagem". Que os nossos contemporâneos morem do outro lado da rua ou do outro lado da Terra, estão a dois passos de nós; nossos comportamentos os afetam na própria pele, como os deles a nós.

Se quisermos preservar a paz civil em nossos países, em nossas cidades, em nossos bairros, assim como no conjunto do planeta, se quisermos que a diversidade humana se traduza pela coexistência harmoniosa, e não por tensões geradoras de violência, não podemos mais aceitar conhecer "os outros" de maneira aproximativa, superficial, grosseira. Precisamos conhecê-los com sutileza, de perto, diria até mesmo intimamente. E é o que só pode ser feito através da cultura. E, antes de tudo, através da literatura. A literatura é a intimidade de qualquer povo. É onde se revelam as paixões, as aspirações, os sonhos, as frustrações, as crenças, a visão do mundo ao redor, a percepção de si mesmo e dos outros, inclusive de nós mesmos. Porque, quando dizemos "os outros", nunca devemos perder de vista que nós próprios, quem quer que sejamos, somos também "os outros" para todos os outros.

É claro, ninguém tem a possibilidade de conhecer tudo que gostaria ou deveria conhecer dos "outros". Há tantos povos, tantas culturas, tantas línguas, tantas tradições pictóricas, musicais, coreográficas, teatrais, artesanais, culinárias etc. Mas, se encorajássemos todas as pessoas a se entusiasmarem, desde a infância e ao longo de toda a vida, por outra cultura além da sua, por uma língua livremente adotada em função de afinidades pessoais — que ela estudaria ainda mais intensamente do que a indispensável língua inglesa —, resultaria disso um denso tecido cultural que cobriria o planeta inteiro, reconfortando as identidades temerosas, atenuando as antipatias, reforçando pouco a pouco a crença na unidade da aventura humana e, com isso, tornando possível um salto edificante.

Não vejo outro objetivo mais terminante neste século e fica claro que, para conseguirmos os meios para tal, é preciso dar à cultura e ao ensino o lugar prioritário que lhes cabe.

Nos Estados Unidos e em outros lugares, estamos, quem sabe, começando a sair de uma época sinistra em que se via com bons olhos dirigir ofensas à cultura e ver a incultura como prova de autenticidade. É uma atitude populista que, paradoxalmente, combina com a do elitismo, na medida em que, nos dois casos, se aceita implicitamente a ideia de que a "população" tem capacidade limitada, não se devendo exigir dela grandes esforços intelectuais: basta assegurar carrinhos de compras cheios, alguns slogans simplistas e diversões fáceis para que ela permaneça feliz, tranquila e agradecida. E que deve, a cultura, se manter apanágio de uma ínfima minoria de iniciados.

Trata-se de uma concepção depreciativa e perigosa para a democracia. Não há plena cidadania e não haverá eleitor responsável se passivamente nos deixarmos manipular pelos propagandistas, se nos inflamarmos ou nos aquietarmos ao gosto dos governantes, se docilmente aceitarmos as aventuras guerreiras que nos propõem. Para poder decidir com conhecimento de causa, sobretudo no país em que suas próprias orientações determinam em larga medida o destino do planeta, um cidadão precisa conhecer, em profundidade e com sutileza, o mundo que o circunda. Acomodar-se à ignorância é negar a democracia, é reduzi-la a simulacro.

Por todos esses motivos e por alguns outros mais, estou convencido de que nossa escala de valores, hoje, só pode basear-se na primazia da cultura e do ensino. E que o século XXI, para retomar a frase já citada, será salvo pela cultura ou afundará.

Minha convicção não se apoia em nenhuma doutrina constituída — apenas em minha maneira de ver os acontecimentos da minha época —, mas não deixo de perceber que as grandes tradições religiosas das quais me avizinho contêm exortações similares. "A tinta de escrever de quem sabe vale mais do que o sangue do mártir", diz o Profeta do islã. Mas posso lembrar muitas outras sentenças sobre o tema: "Os que sabem são herdeiros dos profetas"; "Procurem o saber, até na China, se for preciso"; "Estudem, do berço até o túmulo!"

E, no Talmude, encontra-se essa ideia tão forte e comovente: "O mundo só se sustenta pela respiração das crianças que estudam."

O combate para "sustentar o mundo" será árduo, mas o "dilúvio" não é uma fatalidade. O futuro não está escrito de antemão; cabe a nós escrevê-lo, a nós concebê-lo, a nós construí-lo; com audácia, pois se devem romper hábitos seculares; com generosidade, porque é preciso aglomerar, tranquilizar, ouvir, incluir, compartilhar; e, antes de tudo, com sabedoria. É a tarefa que incumbe aos nossos contemporâneos, mulheres e homens de todas as origens e que não têm outra escolha senão assumi-la.

As certezas imaginárias

Quando um país está mergulhado no marasmo, podemos sempre tentar emigrar; quando o planeta inteiro está ameaçado, não se tem a opção de ir viver em outro lugar. Se não quisermos nos conformar com a regressão, para nós e para as gerações futuras, devemos tentar mudar o curso das coisas.

2

Será que nos próximos anos vamos saber construir entre os homens, para além de todas as fronteiras, uma solidariedade de tipo diferente, universal, complexa, sutil, refletida, adulta? Uma solidariedade independente das religiões, mas sem ser, de forma alguma, antirreligiosa ou insensível às necessidades metafísicas do homem, que são tão reais quanto as necessidades físicas? Uma solidariedade que possa transcender as nações, as comunidades, as etnias, sem abolir a variedade de culturas? Que possa agrupar as pessoas frente aos perigos que ameaçam, sem, nem por isso, cair em discursos do apocalipse?

Em outras palavras, será que veremos emergir, neste século, um novo humanismo que mobilize, mas não seja refém de tradição alguma, que não se perca como se perdeu o marxismo e que também não surja como instrumento ideológico ou político do Ocidente? Por enquanto, não vejo nenhum indício. Constato, isso sim, a extraordinária força das vinculações hereditárias que acompanham os seres humanos do berço ao túmulo. Elas às vezes se perdem, mas acabam quase sempre sendo recuperadas, como se, o tempo todo, os mantivessem presos por uma invisível cadeia; atravessam os séculos, adaptando-se mais ou menos bem à evolução do mundo, mas sempre mantendo o controle. Também constato, por outro lado, a fragilidade, a transitoriedade, a superficialidade das solidariedades que gostariam de transcender essas vinculações.

Quando Marx apontou a religião como "o ópio do povo", não fez isso por derrisão nem com desdém, como tantas vezes foi o caso dos seus discípulos. Talvez não seja inútil relembrar a frase inteira, que dizia: "A aflição religiosa é, ao mesmo tempo, expressão de uma verdadeira aflição e um protesto contra essa aflição. A religião é o suspiro da criatura oprimida, o coração de um mundo sem coração, a alma de um mundo sem alma. Ela é o ópio do povo." Pelo seu ponto de vista, deve-se abolir essa "felicidade ilusória" para que as pessoas possam se dedicar à construção de uma felicidade real. Com o recuo do tempo, poderíamos legitimamente concluir que, se a felicidade prometida se revelasse ainda mais ilusória, os povos voltariam ao "ópio" consolador.

Por isso, tenho a impressão de que, se Marx pudesse ter assistido a esse ressurgimento da religião no centro da esfera política e social, ficaria aflito, provavelmente, mas nada surpreso.

Crescendo no seio das sociedades árabes, à custa do nacionalismo e do marxismo, o islamismo político não se limitou a apenas vencer essas doutrinas, ele as assimilou e se apropriou delas.

O exemplo mais eloquente é o da Revolução Iraniana de 1979 — religiosa, com certeza, mas igualmente nacionalista, antimonarquista, antiocidental, anti-israelense e se exprimindo em nome das massas desfavorecidas. Uma síntese poderosa, que exerceria influência determinante sobre o conjunto do mundo muçulmano.

Reunir as três "fibras" — nacional, religiosa e social — já havia sido o projeto de alguns dirigentes muçulmanos. Por exemplo, o presidente Sukarno, que proclamara na Indonésia o princípio do "Nasacom" — acrônimo, na língua local, de nacional-islã-comunismo. Mas não passou de colagem artificial que muito rapidamente se desfez.

Mesmo quando se substituía "comunismo" por "socialismo", para evitar uma contradição evidente demais com o islã, a ligadura não se fazia. Em lugar algum do mundo muçulmano o nacionalismo conseguiu assimilar a religião como ela conseguiu assimilar o nacionalismo. Quando os turcos e os árabes, após quatro séculos de coabitação no seio do Império Otomano, se "divorciaram", durante a Primeira Guerra Mundial, e cada um desenvolveu o seu próprio nacionalismo, ambos se desligaram do islã, que os unia; os primeiros de maneira radical, sob a égide de Atatürk, e buscando um novo ponto de partida, e os árabes de maneira menos marcada, substituindo em seus discursos — discreta, mas sistematicamente — "nação muçulmana" por "nação árabe". Os estilos eram muito diferentes, mas, em tese, o mesmo: o nacionalismo, que era uma ideia nova, não poderia se apoiar na religião sem sofrer prejuízo.

É óbvio, sempre houve ambiguidades. Aos olhos das multidões, Nasser era indiscutivelmente um herói do islã. Mas ele evitava se referir explicitamente à religião e nunca justificava seus atos políticos com citações corânicas, pois sabia que com isso estaria entrando num terreno em que seus adversários políticos, os Irmãos, estavam em bem melhor situação do que ele. Jamais Nasser alardeou ser o "presidente da fé", como faria seu sucessor, Sadat. Este último se mostrou, nesse assunto, bem mais imprudente. Para se livrar das investidas dos nasserianos e enfrentar os progressos da esquerda, ele bem que quis se apoiar nos islamitas, e procurou se apropriar de seus discursos, mas não conseguiu manipular por muito tempo as forças que atiçou e que ferozmente se voltaram contra ele.

A religião nunca foi solúvel no nacionalismo e menos ainda no socialismo, mas o contrário não é verdadeiro.

Na medida em que o combate nacionalista — tanto o dos egípcios quanto o dos argelinos, dos iranianos, dos chechênios e dos palestinos — opôs povos muçulmanos a adversários cristãos ou judeus, ainda mais facilmente pôde ser travado em nome de uma comunidade de religião do que em nome de uma comunidade de língua. E, na medida em que, para as massas, o atrativo do socialismo reside na promessa de redução do fosso entre os que possuem e os desprovidos, tal objetivo podia perfeitamente se traduzir em termos religiosos; o islã, como o cristianismo, sempre soube se dirigir aos pobres e atraí-los. Tudo que, no nacionalismo e no socialismo, era específico, irredutível, "não solúvel", foi afastado ou caiu sozinho; tudo que era permanente e substancial foi integrado numa espécie de ideologia total, ao mesmo tempo nacionalista e globalista, pretendendo também responder a todas as necessidades do homem, tanto identitárias quanto espirituais e materiais. Uma ideologia de combate para a qual convergiram todos que, algumas décadas antes, teriam se identificado com o nasserismo ou até mesmo com o comunismo.

Na verdade, se excetuarmos os cristãos do Oriente, que puderam anteriormente se identificar com o nacionalismo árabe, assim como com o marxismo, mas que não podem hoje se identificar com o islamismo, que os exclui, todos os defensores das doutrinas derrotadas tiveram a possibilidade de fazer uma conversão política sem ter a sensação de estar traindo seus ideais. O combate permaneceu o mesmo, contra os inimigos de sempre e com as armas ideológicas do momento.

Por que motivo, anteriormente, alguém se proclamava maoísta, guevarista ou leninista? Por desejar lutar eficazmente contra o "imperialismo americano". Hoje, essa mesma pessoa prossegue no mesmo objetivo, em nome do islã. Além disso, está à vontade com seus vizinhos, enquanto antes se sentia só, com seus opúsculos traduzidos do russo ou o Pequeno Livro Vermelho que ninguém tinha vontade de ler. Não havia perdido o fôlego de tanto repetir para os novos recrutas que um revolucionário devia se sentir "como um peixe dentro d'água"? Passando a frequentar a mesquita, é exatamente como ela se sente. Não é mais vista como sem fé, procurando passar uma mercadoria suspeita, fabricada Deus sabe onde. Ela agora fala a linguagem que todo mundo entende. Todos que vivem a seu redor, jovens e velhos, conhecem os mesmos versículos, extraídos do mesmo Livro.

Como era difícil convencer as pessoas de que o melhor deles seria o que pudesse citar Lênin, Engels, Lin Biao, Plekhanov, Gramsci ou Althusser! E como é reconfortante poder anunciar que nada do que foi escrito ou pensado ou inventado no decorrer dos séculos tem tanta importância quanto aquilo que elas já tinham memorizado desde a mais tenra infância!

O que há de mais poderoso do que uma doutrina que age como se fosse, ao mesmo tempo, uma filiação? Para aderir, não é preciso apresentar requisição alguma; a adesão vem de nascença, de pleno direito, pela graça do Criador, desde sempre e para sempre.

Isso vale para o islã, mas também para outras tradições religiosas. Na Rússia, imaginou-se por algumas décadas que o comunismo estava implantado por muito tempo e que a fé ortodoxa não passava de tênue sobrevivência. Antes do final do século, o comunismo tinha sido varrido como um galho ressequido e os novos dirigentes do país voltavam a frequentar as igrejas.

Quer lamentemos, quer nos alegremos — e não escondo que, no que me concerne, não acho isso tranquilizador —, somos obrigados a constatar que as vinculações religiosas, que se transmitem espontaneamente, de uma geração a outra, sem que seja necessário aderir nem mesmo crer, são bem mais perenes do que as convicções adquiridas. Certamente a França, há muito tempo, deixou de se considerar um país católico. De fato, no que se refere à fé, à prática religiosa, aos preceitos morais, ela não é, mas manteve essa identidade cultural. Como se manteve ortodoxa a Rússia de Stálin, e muçulmana a Turquia de Atatürk.

É um paradoxo que uma antiga história judia ilustra bem, a de um pai ateu que, querendo dar ao filho a melhor instrução possível, o enviou a uma escola de jesuítas. O menino era obrigado, apesar de suas origens, a assistir às aulas de catecismo, aprendendo o dogma católico da Trindade. Ao voltar um dia para casa, ele perguntou ao pai se era verdade haver "três deuses". O pai franziu o cenho. "Ouça, meu filho! Há apenas um Deus, e nós não acreditamos nele!"

Uma grande lição do século que acaba de terminar é a de que as ideologias passam e as religiões ficam. As crenças, propriamente, menos do que a filiação religiosa, mas a partir dessa filiação se reconstroem as crenças.

O que torna as religiões virtualmente indestrutíveis é que elas oferecem aos adeptos uma fixação identitária durável. As diversas etapas da História, outras solidariedades, mais novas, mais "modernas" — a classe, a nação — deram a impressão de prevalecer, mas foi a religião que, até o momento, teve sempre a última palavra. Pareceu possível expulsá-la da esfera pública e limitá-la apenas às fronteiras do culto, mas é difícil limitá-la, difícil domá-la e impossível desenraizá-la. Todos que acharam poder fazer com que fosse esquecida no museu da História se viram prematuramente lançados nele, enquanto a religião se mantinha próspera, vitoriosa e muitas vezes inclusive invasiva.

Sob todos os céus e sobretudo nos países do islã.

3

Essa proximidade extrema entre islã e política merece maior atenção, pois é um dos aspectos mais preocupantes e perturbadores da atual realidade.

Estranhamente, o fenômeno se explica da mesma maneira tanto pelos que defendem o radicalismo religioso quanto pelos que criticam o islã. Os primeiros, por uma questão de crença, os outros, pela confirmação de seus preconceitos, e todos concordando com a impossível separação entre o islã e a política, pois isso sempre foi assim, está escrito nos textos sagrados e seria inútil querer mudar. Às vezes alardeada, constantemente subentendida, essa opinião gera tão amplo consenso que goza de toda aparência de verdade.

No que me concerne, tenho muita dúvida quanto a isso. Se fosse apenas da avaliação crítica de uma religião que se tratasse, de suas práticas e crenças, eu não insistiria muito. Mesmo sempre tendo vivido próximo do islã, não sou um especialista do mundo muçulmano e menos ainda um islamólogo. Se quiserem saber "o que realmente diz" o islã, não contem comigo. E se esperam ler, no que escrevo, que todas as religiões pregam a concórdia, também não contem com isso — minha profunda convicção é a de que todas as doutrinas, religiosas ou profanas, têm em si os germes do dogmatismo e da intolerância; em certas pessoas, esses germes se espraiam, em outras, permanecem latentes.

Não, confesso, não sei mais do que qualquer um "o que realmente dizem" o cristianismo, o islã, o judaísmo ou o budismo. Estou persuadido de que cada uma dessas crenças permite infinitas interpretações, que dependem bem mais do percurso histórico das sociedades humanas do que dos textos sagrados. Estes, a cada etapa da História, dizem o que os homens têm vontade de ouvir. Alguns argumentos que hoje se esclarecem, ontem mesmo pareciam invisíveis; outros, que pareciam essenciais, voltam a cair no esquecimento. As mesmas Escrituras que antigamente justificavam a monarquia de direito divino se acomodam agora à democracia. Facilmente se encontra, a dez linhas de um versículo que faz o elogio da paz, outro que celebra a guerra. Cada trecho da Bíblia, do Evangelho ou do Corão já se prestou a inúmeras leituras, e seria absurdo para quem quer que seja proclamar, após tantos séculos de exegeses e de controvérsias, haver uma só interpretação possível.

Compreendo que os mais apaixonados o afirmem, é o papel deles; é difícil aderir a determinada leitura do texto levando em consideração haver outras leituras, igualmente legítimas. Mas o observador da História, seja ele crente ou não, não pode se colocar no mesmo terreno. Do seu ponto de vista, não se trata de determinar qual interpretação das Escrituras está conforme os ensinamentos da fé, mas sim avaliar a influência das doutrinas sobre o caminhar do mundo; e também, inversamente, a influência do caminhar do mundo sobre as doutrinas.

Quanto a mim, a opinião corrente sobre as relações entre islã e política me preocupa, por constituir o fundamento mental do "confronto das civilizações" que ensanguenta o mundo e obscurece o futuro de todos. A partir do momento em que se considera que, no islã, religião e política estão indissociavelmente ligadas, que isso está escrito nos textos sagrados e constitui uma característica imutável, aceita-se a ideia de que o citado "confronto" nunca vai acabar, nem em 30, nem em 150, nem em 1.000 anos, e que estamos diante de duas humanidades distintas. É uma ideia que acho desmoralizadora, é claro, e destrutiva, mas, antes de tudo, simplista, aproximativa, irrefletida.

Quando foram revelados os excessos cometidos por militares americanos na prisão de Abu Ghraib, uma das fotografias divulgadas mostrava um prisioneiro obrigado a andar de quatro, nu, com uma corda no pescoço, que um soldado — do sexo feminino — segurava, com um sorriso de triunfo. Convidado como comentarista por uma emissora de televisão

As certezas imaginárias ✦ 215

americana, um especialista do Oriente Médio explicou aos telespectadores que, para compreender o horror provocado por aquelas imagens no mundo muçulmano, devia-se saber que, no islã, o cão é um animal impuro.

Fiquei sem voz. Assim sendo, devia-se entender que um prisioneiro irlandês ou australiano, obrigado a se pôr de quatro, com uma corda amarrada no pescoço, sendo levado a passear pelos corredores de uma prisão, não acharia tão ruim, uma vez que na Irlanda e na Austrália os cachorros não são considerados impuros?

Aquilo era dito, além de tudo, por um universitário íntegro, corajoso e que sistematicamente militara contra a guerra do Iraque. Na entrevista, ele candidamente procurava denunciar os excessos cometidos por alguns compatriotas seus. O que está em questão aqui não é então a sua intenção, mas o hábito de pensamento inconscientemente repassado e que consiste em tratar tudo que concerne ao islã como se viesse de outro planeta.

Não tenho dúvidas quanto a existirem, no itinerário do mundo muçulmano e sobretudo nas relações que nele se estabeleceram entre religião e política, importantes especificidades. Mas elas diferem enormemente quando se passa de um país para outro, de uma época para outra; resultam mais da história complicada dos povos, e não da aplicação de uma doutrina, e nem sempre se situam ali onde temos o costume de situá-las.

Desse modo, e contrariando a aparência das coisas, uma das tragédias do mundo muçulmano, tanto ontem quanto hoje, é que a política constantemente invadiu a área religiosa — e não o contrário. O meu ponto de vista é o de que isso não tem a ver com o conteúdo da fé, mas com fatores que eu chamaria "organizacionais", e, principalmente, com o fato de que o islã não proporcionou o surgimento de uma "Igreja" centralizada. Chego a pensar que, se uma instituição semelhante ao papado tivesse prevalecido, as coisas teriam certamente acontecido de modo diferente.

Ninguém há de pretender, imagino, que os papas tenham sido, através da História, promotores da liberdade de pensamento, de avanço social e de direitos políticos. Mesmo assim, eles o foram; indiretamente e meio de tabela, mas de maneira acentuada. Fazendo contrapeso aos detentores do poder temporal, eles constantemente limitaram a arbitrariedade da realeza, controlaram a arrogância imperial e conseguiram, com isso, um espaço de respiro para uma faixa significativa da população europeia, principalmente nas cidades. Nesse interstício entre dois absolutismos, foi que, lentamente, se desenvolveu o embrião da futura modernidade que um dia sacudiria os tronos dos monarcas e a autoridade dos soberanos pontífices.

A cristandade e o mundo muçulmano, aliás, passaram por fenômenos comparáveis, às vezes até no mesmo momento. Paralela à dualidade entre impera-

As certezas imaginárias ⊕ **217**

dores e papas, havia a dualidade entre sultões e califas. Nos dois casos, soberanos dispondo de autoridade política e de força militar se apresentavam como protetores da fé, enquanto pontífices que dispunham de autoridade espiritual se esforçavam para preservar a autonomia, uma área de influência e a dignidade do seu cargo. Nos dois casos, quedas de braço foram frequentes e, às vezes, se nos debruçarmos sobre o que acontecia em Roma e em Bagdá entre os séculos X e XIII, podemos encontrar episódios bem similares, com o poderoso monarca que finge humildemente se arrepender aos pés do prelado, já preparando a revanche.

A diferença está em que o sucessor de São Pedro conseguiu manter o trono, e não o sucessor do Profeta. Diante do poder político e militar dos sultões, os califas sofreram sucessivas derrotas, perderam uma a uma suas prerrogativas e acabaram ficando sem qualquer autonomia de ação. E, um dia, no século XVI, o sultão otomano simplesmente "anexou" o título de califa, acrescentando-o às suas outras designações pomposas e guardando-o até que Kemal Atatürk decidisse de novamente dissociá-los, em novembro de 1922, para, 16 meses depois, abolir a instituição por decreto. O último califa, Abdul-Mejid, um pintor de talento que expôs quadros em diversas capitais europeias, morreu exilado em Paris, em 1944.

No seio da cristandade ocidental, pelo contrário, os papas permaneceram poderosos. Na França, foi preciso travar combates encarniçados para impedir as constantes intrusões da autoridade religiosa na área política. De fato, até o início do século XX, Roma condenava a própria ideia de República e muitos católicos viam nela um regime ímpio. Muitos deles, inclusive, quando se apresentou a oportunidade, em 1940, com o marechal Pétain, aproveitaram para estrangular "a puta", como era chamada a República.

No islã, o problema sempre foi o contrário. Não as intrusões da autoridade religiosa no campo político, mas o abafamento da autoridade religiosa pela autoridade política. E por causa desse abafamento, paradoxalmente, por causa dessa predominância esmagadora do político, o religioso se propagou no corpo social.

4

O que garantiu a perenidade dos papas e cruelmente faltou aos califas foi uma Igreja e um clero.

Roma podia, a qualquer momento, mobilizar seus bispos, padres e monges, que formavam uma rede consistente, cobrindo todos os reinos, todas as províncias e até mesmo a menor aldeia da terra cristã. Era uma tropa poderosa, mesmo quando agia de maneira mais suave, que monarca algum podia menosprezar. O soberano pontífice igualmente tinha a possibilidade de excomungar, ou ameaçar, constituindo isto um instrumento temível, na Idade Média, que fazia imperadores, tanto quanto simples fiéis, tremerem. No islã, não havia nada disso — nem Igreja, nem clero, nem excomunhões. A religião do Profeta, desde o início, nutriu forte desconfiança com relação aos intermediários, fossem eles santos ou confessores. Previa-se o homem frente a frente com seu Criador, dirigindo-se apenas a Ele, sendo apenas por Ele julgado, sem nada mais em volta. Alguns historiadores compararam essa prática com a da Reforma luterana e, efetivamente, algumas semelhanças podem ser encontradas. Semelhante concepção deveria, muito logicamente, favorecer a rápida emergência de sociedades leigas. Mas a História nunca avança na direção que parece mais provável. Ninguém poderia prever que o enorme poder dos papas desembocaria, um dia, na redução do lugar do religioso nas sociedades católicas, enquanto a sensibilidade bastante anticlerical do islã, impedindo a emergência de uma instituição eclesiástica forte, favoreceu o desencadeamento do religioso no seio das sociedades muçulmanas.

Frente aos sultões, aos vizires e aos comandantes militares, os califas ficaram cruelmente sem recursos, impossibilitados de manter o contrapeso religioso que foi tão útil aos papas. Com isso, a arbitrariedade dos príncipes se exerceu sem freio. O espaço de relativa liberdade, em que seria possível desenvolver o embrião da modernidade, jamais existiu. Ou não por tempo suficientemente longo, em todo caso, para que cidades e cidadania desabrochassem.

Mas a influência do papado não se limitou ao papel de contrapoder. Como guardião oficial da ortodoxia, ele contribuiu para a preservação da estabilidade intelectual das sociedades católicas e até mesmo para a simples estabilidade geral. A ausência de uma instituição similar se fez ressentir no mundo muçulmano toda vez que foi preciso enfrentar dissidências que se remetiam à religião.

Quando concepções radicais, como a que o monge Savonarola defendeu em Florença, no século XV, começavam a se propagar, Roma sempre se opôs, e sua autoridade extinguia o foco de uma vez por todas. O infeliz acabou numa fogueira. Mais próximos de nós e em outro registro, quando alguns católicos da América Latina ficaram tentados, a partir dos anos 1960, pela "teologia da libertação", e alguns padres — como o colombiano Camilo Torres — chegaram a empunhar armas ao lado dos marxistas, a Igreja deu um firme desfecho àquela "variante". Não estou discutindo o conteúdo de sua teologia, como também não me preocupo com as ideias de Savonarola; o que me parece significativo é a eficácia do mecanismo com que a instituição papal liquidou esses transbordamentos.

No mundo muçulmano, eventuais colegas do monge florentino e do guerrilheiro colombiano não poderiam ter sido controlados da mesma maneira. À falta de uma autoridade eclesiástica vigorosa e reconhecida como legítima, as concepções mais radicais regularmente se propagam entre os fiéis, sem que se consiga contê-las. Hoje, como ontem, toda contestação política ou social pode impunemente se servir da religião para atacar o poder estabelecido. Os dignitários religiosos dos diferentes países muçulmanos em geral estão incapacitados para se opor, uma vez que são pagos pelos governantes, encontrando-se literalmente dependentes e só dispondo, por isso, de reduzida credibilidade moral.

É a falta de uma instituição "papal" capaz de traçar a fronteira entre o político e o religioso que explica, a meu ver, a deriva em que se situa o mundo muçulmano, mais do que uma "diretiva divina" que instaura a confusão dos gêneros.

Isso tudo não dá no mesmo?, podem perguntar alguns. Não creio. Pelo menos se ainda tivermos esperança no futuro dos homens.

Não deixa de ser relevante saber se essa "inseparação" entre política e religião resulta de algum dogma eterno ou das idas e vindas da História. Para aqueles que, como eu, teimam em procurar uma saída para o impasse global em que estamos presos hoje, é importante sublinhar que a diferença entre os percursos das duas "civilizações" rivais foi determinada não por alguma injunção celeste imutável, mas pelo comportamento dos homens, que pode se modificar, e pelo encaminhamento histórico das instituições humanas.

Humanas todas as instituições o são, e o qualificativo aqui, ao escrever, tem apenas uma conotação descritiva que absolutamente não prejulga a função espiritual. O papado não foi instaurado pelos Evangelhos, nos quais, evidentemente, jamais se fala de um "soberano pontífice", visto que o título, inclusive, era de um dignitário pagão. Do mesmo modo, o califado não foi instaurado pelo Corão, no qual apenas dois homens

As certezas imaginárias 223

são expressamente designados pela palavra "califa", que quer dizer herdeiro ou sucessor; o primeiro foi Adão, a quem o Altíssimo anunciou ter dado a Terra como herança — e fica claro, no contexto, que é à humanidade inteira que o mundo foi assim confiado —, e o segundo é um personagem histórico a quem o Criador dirige palavras severas: "Nomeei-o califa nesta terra para que governe com justiça, não se deixe levar pelas paixões, que o distanciariam do caminho de Deus, pois os que dele se afastarem terão um castigo terrível, por esquecer o Dia do Julgamento."

O "califa" assim interpelado outro não é senão o rei Davi.

Outro paradoxo do papado é que essa instituição eminentemente conservadora permitiu que se conservasse, entre outras coisas, o progresso.

Ilustrarei isso com um exemplo que pode parecer trivial: na época da minha infância, uma mulher católica não podia ir à missa sem cobrir a cabeça e os ombros; isso era como as coisas se passavam naquele tempo longínquo, e nenhuma fiel — fosse criada, fosse rainha — podia infringir a regra, que os padres aplicavam escrupulosamente e, muitas vezes, demonstrando irritação. Digo isso pensando no cura que se dirigiu a uma de suas ovelhas e lhe ofereceu uma maçã; quando a jovem se espantou, ele explicou que somente depois de ter mordido a maçã Eva compreendeu que estava nua.

A infeliz, é claro, não estava nua, apenas deixara solta a abundante cabeleira, mas a regra do vestuário não podia ser transgredida. No início dos anos 1960, porém, o Vaticano decidiu que as mulheres podiam passar a ir à igreja sem véu. Imagino que algumas pessoas tenham ficado irritadas e até mesmo ultrajadas com essa decisão, que se chocava com uma antiquíssima tradição, datando de São Paulo, que escreveu em sua Primeira Epístola aos Coríntios: "O homem não deve cobrir a cabeça porque ele é a imagem da glória de Deus, enquanto a mulher é a glória do homem. Pois o homem não foi tirado da mulher, mas a mulher, do homem; e o homem não foi criado para a mulher, mas a mulher para o homem. Por isso deve a mulher, por causa dos anjos, ter sobre a cabeça um sinal de sujeição." E, no entanto, de um dia para outro essa expressão de uma outra época foi considerada obsoleta e ninguém mais procurou impor às mulheres católicas que se cobrissem, e é razoável se supor que esse progresso nunca será questionado.

Repito, pois é aonde eu queria chegar: os papas certamente refrearam, por 19 séculos, todo desvio na regra do vestir, mas a partir do momento em que acharam que isso não se justificava mais, a partir do momento em que finalmente se deram conta de uma evolução das mentalidades, de certa maneira confirmaram a "validação" da mudança, tornando-a virtualmente irreversível.

Na história do Ocidente, a instituição eclesiástica muitas vezes funcionou dessa maneira, contribuindo para o avanço material e moral da civilização europeia,

As certezas imaginárias 225

ao mesmo tempo que se esforçava para limitá-lo. No referente às ciências, à economia, à política ou aos comportamentos sociais, sobretudo em matéria de sexualidade, a atitude papal seguiu essa mesma via. De início, é a recusa categórica, tenta-se conter, fulminar, ameaçar, condenar, proibir. Depois, com o tempo — às vezes, um tempo enorme —, volta-se atrás, reexamina-se e se suaviza. Com algumas reticências, mais tarde as coisas se acomodam ao veredicto das sociedades humanas; a mudança ganha validade e se inscreve, de certa maneira, no registro das coisas lícitas. A partir desse momento, deixam de ser tolerados os integristas que queiram voltar atrás.

Por séculos, a Igreja católica se negou a acreditar que a Terra era redonda e girava em torno do Sol. No que se refere à origem das espécies, começou por condenar Darwin e o evolucionismo, mas hoje puniria o bispo que resolvesse interpretar os textos sagrados de maneira estritamente literal, como fazem alguns ulemás da Arábia ou certos pregadores evangélicos na América do Norte.

A desconfiança que prevalece na tradição muçulmana, assim como na tradição protestante, com relação à autoridade religiosa centralizadora, é perfeitamente legítima e democrática, do ponto de vista de sua inspiração, mas tem um efeito secundário calamitoso: sem essa insuportável autoridade centralizadora, progresso algum se registra de maneira irreversível.

Mesmo quando os fiéis por décadas praticam sua fé, da maneira mais generosa, mais esclarecida, mais tolerante que seja, nunca estão ao abrigo de uma "recaída", nunca estão ao abrigo de uma interpretação extremada que venha, um dia, jogar no lixo tudo que se adquiriu. Seja, uma vez mais, de ciências, de economia, de política ou de comportamentos sociais que se trate, algo que uma *fatwa* salutar ontem autorizou, uma *fatwa* mais intransigente pode amanhã proibir, com extremo rigor. As mesmas controvérsias insistentemente voltam sobre o lícito e o ilícito, o pio e o ímpio, pois, na ausência de uma autoridade suprema, nenhum avanço fica "validado" de uma vez por todas, e nenhuma opinião dada no decorrer dos séculos é definitivamente considerada obsoleta. Depois de cada passo adiante, vem um passo atrás, a ponto de não se saber mais o que é o adiante e o que é o atrás. A porta se abre o tempo todo a todo tipo de exagero, a todas as virulências e a todas as regressões.

A mesma sensação me invade quando leio que certas escolas americanas, que antes aplicavam um ensino racional, bruscamente se puseram a dizer às novas gerações que o Universo foi criado há 6.000 anos — em 4004 antes de Jesus Cristo, muito exatamente em 22 de outubro, às oito horas da noite — e que os ossos que porventura parecem ter centenas de milhares de anos e que são encontrados na Terra resultam de Deus tê-los milagrosamente envelhecido e colocado ali, com a intenção de pôr à prova a consistência da nossa fé.

De maneira mais geral, doutrinas estranhas e preocupantes se propagam, anunciando tranquilamente o fim do mundo e até mesmo trabalhando para

As certezas imaginárias ✦ 227

apressá-lo. Certamente esses desvios afetam apenas uma pequena proporção da cristandade, algumas dezenas de milhões de pessoas, mas a influência dessa minoria não é desprezível, visto se situar no centro dos Estados Unidos, frequentar assiduamente os corredores do poder e conseguir, às vezes, ter peso no comportamento da superpotência única.

Haveria ainda mil coisas a serem ditas, mil exemplos eloquentes e ilustrativos, na evolução das duas "civilizações" que digo serem minhas, o impacto dos fatores "organizacionais", culturais, nacionais ou, mais geralmente, históricos, e o pouco impacto das diferenças propriamente doutrinais.

Minha convicção profunda é a de que damos peso demais à influência das religiões sobre os povos, e não suficiente à influência dos povos sobre as religiões. A partir do momento em que, no século IV, o Império Romano se cristianizou, o cristianismo se romanizou — enormemente. Essa circunstância histórica é o que, de início, explica a emergência de um papado soberano. Numa perspectiva mais ampla, se o cristianismo contribuiu para fazer da Europa o que ela é, a Europa igualmente contribuiu para fazer do cristianismo o que ele é. Os dois pilares da civilização ocidental, que são o Direito Romano e a democracia ateniense, são, ambos, anteriores ao cristianismo.

Observações semelhantes podem ser feitas com relação ao islã e também às doutrinas não religiosas.

O comunismo influenciou a história da Rússia e da China, mas esses dois países igualmente determinaram a história do comunismo, cujo destino teria sido muito diferente, caso houvesse triunfado antes na Alemanha ou na Inglaterra. Os textos fundadores, sejam sagrados ou profanos, se prestam às leituras mais contraditórias. Não se levou a sério Deng Xiaoping quando ele afirmou que as privatizações estavam na continuidade do pensamento de Marx e que os sucessos de sua reforma econômica demonstravam a superioridade do socialismo sobre o capitalismo. Essa interpretação não se presta ao riso mais do que qualquer outra; inclusive está em maior conformidade com os sonhos do autor de *O capital* do que os delírios de Stálin, de Kim Ilsung, de Pol Pot e de Mao Tsé-tung.

Ninguém pode negar, em todo caso, tendo em vista a experiência chinesa que evolui à nossa frente, que um dos sucessos mais espantosos da história mundial do capitalismo está acontecendo sob o comando de um partido comunista. Não temos aí uma poderosa ilustração da maleabilidade das doutrinas e da infinita capacidade dos homens a interpretá-las como melhor lhes parece?

Voltando ao mundo muçulmano, se procurarmos compreender o comportamento político daqueles que se remetem à religião, e se desejarmos modificá-lo, não será esmiuçando os textos sagrados que iremos

As certezas imaginárias 229

identificar o problema e também não será neles que encontraremos a solução. Explicar sumariamente tudo que acontece nas diferentes sociedades muçulmanas apelando para a "especificidade do islã" é querer ficar no lugar-comum, é se autocondenar à ignorância e à incapacidade de ação.

5

Para quem procura compreender as realidades de hoje, a especificidade das religiões, das etnias, das culturas é uma noção útil, mas de manejo delicado. Quando abordada de forma negligente, deixam-se de entender as nuanças, mas, se lhe for dada muita importância, deixa-se de entender o essencial.

É também, hoje em dia, uma noção que se presta a equívocos. O *apartheid* não se baseava expressamente no "respeito da especificidade" dos negros? De acordo com a sua origem própria, europeia ou africana, cada população devia seguir o caminho a que sua cultura a "destinava": uns deveriam avançar em direção à modernidade e outros se manter agarrados às tradições ancestrais.

O exemplo da África do Sul pode parecer caricatural e ultrapassado. Infelizmente, não é o caso. O espírito do *apartheid* está onipresente no mundo de hoje e continua a se espalhar. Às vezes por má-fé, outras vezes, pelo contrário, com as melhores intenções do mundo.

Permitam-me citar um incidente ocorrido em Amsterdã, no início deste século. Uma mulher jovem, de origem argelina, se apresentou na prefeitura com um projeto que a entusiasmava: uma espécie de clube para mulheres imigrantes do seu bairro, para que pudessem se encontrar, sair um pouco do microcosmo familiar, relaxar em termas árabes e conversar livremente sobre seus problemas. Foi recebida por alguém que a ouviu, tomou notas e pediu que voltasse daí a algumas semanas para que lhe dissessem se a municipalidade poderia ajudá-la. A moça se foi, esperançosa. Quando voltou, na data marcada, ouviu que, infelizmente, o projeto não poderia ir adiante. "Consultamos o imã do seu bairro e ele disse não ser uma boa ideia. Sinto muito!"

Tenho certeza de que a funcionária que pronunciou essas palavras não tinha uma intenção segregacionista, mas sim, pelo contrário, eminentemente respeitosa. Não seria adequado se remeter à opinião do "chefe comunitário" para decidir o que fazer no seio de uma etnia? Uma cândida pergunta vem espontaneamente à mente: se uma jovem europeia apresentasse um projeto, teriam posto a decisão nas mãos do padre ou do pastor de sua paróquia? É claro que não. E por quê?, poderíamos também candidamente perguntar. As respostas certamente seriam pouco à vontade. Tudo, nesse caso, está no não dito, no subentendido e no preconceito étnico. Numa única palavra ou em mil, age-se assim porque "essa gente" não é como "nós". Seria uma completa falta de sensibilidade não enxergar que esse "respeito" pelo Outro é uma forma de desprezo e revela uma rejeição. É, em todo caso, como as pessoas assim "respeitadas" o veem.

A propensão a só considerar o Outro através de sua especificidade religiosa ou étnica, a maneira de pensar que remete a gente estrangeira às suas vinculações tradicionais e a enfermidade mental que impede que se veja a pessoa por trás da sua cor, de sua aparência, de seu sotaque ou de seu nome afetaram todas as sociedades humanas desde a aurora dos tempos. Mas, na "aldeia global" de hoje, semelhante atitude não é mais tolerável, pois compromete as chances de coexistência no seio de cada país, de cada cidade, e prepara, para toda a humanidade, irreparáveis dilaceramentos e um futuro de violência.

O que fazer?, hão de perguntar. Pretender que não se vejam as diferenças? Fingir que as pessoas têm todas a mesma cor, a mesma cultura, as mesmas crenças?

São interrogações legítimas, que merecem nossa atenção.

Vivemos numa época em que cada um se sente obrigado a desfraldar ao vento a bandeira de suas filiações e a demonstrar que percebeu a bandeira de seus interlocutores. Não sei se isso representa uma libertação ou uma perda de si mesmo, uma cortesia contemporânea ou uma grosseria. Isso certamente depende das circunstâncias e da maneira como é feito. Mesmo assim,

As certezas imaginárias ⊕ 233

o dilema é real. Dizer que não se vê diferença entre as cores de pele, entre os sexos, entre os sotaques, entre as consonâncias dos nomes, às vezes, equivale a dissimular e a perpetuar injustiças seculares. De modo inverso, levar em conta sistemática e explicitamente as características distintivas contribui para fixar as pessoas em suas filiações e isolá-las em seus respectivos "clãs".

O correto me parece estar numa abordagem mais sutil, mais refinada e menos desleixada. Não se trata de ignorar as prováveis diferenças entre um holandês e um argelino — para continuar no mesmo exemplo —, tendo, porém, notado essas diferenças, mas ter o cuidado de ir além, lembrando que nem todos os holandeses são idênticos, tampouco todos os argelinos; um holandês pode ser praticante de uma religião ou agnóstico, esclarecido ou obtuso, de direita ou de esquerda, culto ou inculto, trabalhador ou preguiçoso, honesto ou malandro, ranzinza ou *bon-vivant*, generoso ou mesquinho — e, igualmente, um argelino.

Fingir ignorar as diferenças físicas ou culturais seria absurdo, mas passamos por fora do essencial se nos limitarmos às diferenças mais patentes, em vez de buscarmos mais adiante, na pessoa mesmo e em sua individualidade.

Respeitar uma mulher ou um homem é falar com ela ou ele como a um ser humano em sua totalidade, um ser livre e adulto, e não um ser dependente e pertencente a uma comunidade como um servo pertencia à sua gleba.

Respeitar a imigrante argelina seria respeitar nela a pessoa que elaborou um projeto e assumiu a temeridade de ir expô-lo às autoridades. E não conduzi-la pela nuca até o crivo de um chefe comunitário.

Foi proposital ter pegado como exemplo um incidente ocorrido em Amsterdã. Na lenta marcha da Europa na trilha da tolerância religiosa, é uma cidade que representou, a partir do século XVII, papel pioneiro. Tenho certeza, aliás, de que a funcionária municipal, consultando o imã do bairro, acreditou estar sendo coerente com o espírito de abertura que sempre caracterizou a cidade.

Pois era essa a maneira como funcionava a tolerância há 400 anos. As minorias religiosas tinham autorização para livremente praticar seu culto e, se um de seus membros se comportasse de maneira repreensível, era firmemente censurado pelos dirigentes de sua própria comunidade. Spinoza foi, por exemplo, excomungado pelos correligionários, em 1656, por seu suposto ateísmo ameaçar as relações com os concidadãos cristãos. Uma questão que se tornava ainda mais delicada porque muitos judeus, entre os quais o pai do filósofo, tinham chegado a Amsterdã em data relativamente recente, depois de expulsos da península Ibérica, e não queriam se tornar suspeitos de qualquer comportamento desleal com os anfitriões, que se haviam revelado inabitualmente magnânimos para a época.

As realidades de hoje são diferentes, infinitamente mais complexas, e as atitudes não têm a mesma significação. Em nossa época, ameaçada por uma deriva comunitarista de dimensão planetária, "amarrar" as mulheres e os homens a sua comunidade religiosa agrava os problemas, em vez de resolvê-los. Mesmo assim, é o que fazem muitos países europeus ao incentivarem a organização dos imigrantes a partir de uma base religiosa e facilitar a emergência de interlocutores comunitários.

Com frequência, o Ocidente cometeu esse erro em suas relações com o resto do mundo. Durante séculos ele se revelou incapaz de aplicar aos demais povos, sobretudo àqueles dos quais tinha o destino nas mãos, os princípios que aplicava a seus cidadãos e que construíram sua grandeza. A França colonial, por exemplo, para não dar aos habitantes do território francês da Argélia uma cidadania integral, confinou-os na condição de "franceses muçulmanos" — uma denominação passavelmente aberrante por parte de uma república leiga.

É importante relembrar os erros de ontem para evitar que se reproduzam. A era colonial só podia mesmo estabelecer relações pouco saudáveis entre os dominadores e os dominados, tendo em vista que o cândido desejo de "civilizar" o Outro estava em constante conflito com a cínica vontade de sujeitá-lo. Deve-se constatar, como fez Hannah Arendt em *As origens do totalitarismo*, que os Estados-nações foram medíocres construtores de impérios e que uma grande ação desse tipo precisa vir acompanhada por alguma estima por aquele que se pretende agregar. Alexandre sonhava com casamentos em massa entre helenos e persas, Roma tinha um carinho especial por Atenas e por Alexandria e acabou cedendo a cidadania a todos os integrantes do império, dos druidas celtas aos beduínos da Arábia. Mais próximos de nós, os impérios austro-húngaro e otomano efetivamente tentaram ser agregadores, com sucesso desigual. Os impérios coloniais construídos por nações europeias, nos séculos XIX e XX, pelo contrário, nunca passaram de extensões de si, verdadeiras escolas práticas de racismo e de transgressão moral, que abriram caminho para as guerras, os genocídios e os totalitarismos que ensanguentaram a Europa.

Nossa época oferece ao Ocidente a chance de restaurar sua credibilidade moral, não fazendo *mea-culpa*, não se abrindo a "toda a miséria do mundo" nem transigindo com valores importados do exterior, mas, pelo contrário, mostrando-se, enfim, fiel aos próprios valores — com respeito pela democracia e pelos direitos humanos, preocupado com a equidade, a liberdade individual e a laicidade. Em suas relações com o restante do planeta e, antes de tudo, com as mulheres e os homens que escolheram viver sob o seu teto.

6

A atitude dos países do Ocidente com seus imigrantes não é um tema entre tantos outros. Do meu ponto de vista — e não só por ser, eu mesmo, um imigrante —, trata-se de uma questão crucial.

Se o mundo se encontra, hoje, dividido entre "civilizações" rivais, antes de tudo é no espírito dos imigrantes, mulheres e homens, que essas "civilizações" se enfrentam. Não por acaso, os atentados mais mortais e mais espetaculares desses últimos anos, os de Nova York, de Madri, de Londres e outros, foram cometidos por imigrantes, uns originários do subcontinente indiano, outros do Magreb ou também do Egito, como o militante islamita que dirigiu o ataque contra as torres gêmeas do World Trade Center e acabava de terminar uma tese de doutorado em urbanismo, numa universidade alemã. Ao mesmo tempo, inúmeros imigrantes participam tranquila e generosamente da vida intelectual, artística, social, econômica e política dos países que os acolheram, trazendo ideias novas, competências raras, sonoridades, sabores e sensibilidades diferentes, permitindo que esses países se coloquem no diapasão do mundo, dando-lhes a capacidade de conhecê-lo mais intimamente, em toda a sua diversidade, em toda a sua complexidade.

Escrevo sem rodeios e pesando minhas palavras: é sobretudo aí, junto dos imigrantes, que a grande batalha da nossa época será travada, é onde será ganha ou perdida. Ou o Ocidente consegue reconquistá-los, recuperar a sua confiança, vinculá-los aos valores que proclama, tornando-os seus intermediários eloquentes nas relações com o restante do mundo, ou eles se tornarão seu mais grave problema.

Será uma rude batalha, e o Ocidente não está em situação privilegiada para vencê-la. Ontem, apenas as obrigações econômicas e seus próprios preconceitos culturais dificultavam sua ação. Hoje, ele tem de levar em consideração um adversário de peso: essas identidades por muito tempo machucadas e que se tornaram agressivas. Os imigrantes de antigamente, como os povos das colônias, apenas pediam à potência tutelar que se comportasse como mãe, e não como madrasta; seus filhos, por amor-próprio ferido, por orgulho, por cansaço, por impaciência, não querem mais esse tipo de parentesco; ostentam os sinais das filiações originais e, às vezes, agem como se o lar adotivo fosse um território inimigo. Antigamente eficaz, apesar de um pouco lenta, a máquina da integração atualmente está bem emperrada. E, com frequência, ela é deliberadamente sabotada.

As certezas imaginárias ⊕ 239

Para quem vive, como eu, há mais de 30 anos na Europa e observou a lenta degradação da coexistência em inúmeros países que, no entanto, praticam políticas bem diversas em matéria de imigração, é grande a tentação de desistir. Não devo ser o único a ter essa sensação deprimente, de que abordagem alguma leva ao resultado esperado, nem a mais estrita nem a mais permissiva, nem o ambicioso "modelo republicano", devendo fazer de cada imigrante um francês na íntegra, nem o pragmático modelo além-Mancha, que admite a especificidade das diversas comunidades, sem tentar torná-las inglesas.

Igualmente aflitivo, para o observador interessado que sou, foram, nesses primeiros anos do século, o assassinato do cineasta holandês Theo van Gogh, as manifestações às caricaturas dinamarquesas e dezenas, centenas de outros sintomas inquietantes, portadores de violência física ou moral e ocorridos em todos os países, ou quase.

Daí a concluir que de nada serve querer integrar os imigrantes originários do mundo muçulmano e da África é somente um passo, que muitos já deram em silêncio, mesmo que se sintam obrigados a dizer o contrário. Por minha parte, continuo a acreditar que a coexistência harmoniosa é possível e, de qualquer maneira, é indispensável, se quisermos tecer laços sólidos entre as bases das diversas culturas e não nos resignarmos a um isolamento gerador de confrontos, de ódios, de violência. E ninguém estaria mais apto a quebrar tais isolamentos do que imigrantes que assumissem plenamente sua dupla origem.

Dito isso, tenho consciência do fato de que uma integração bem-sucedida é hoje uma tarefa difícil e que será ainda mais nas próximas décadas, sendo necessária uma ação pensada, sutil, paciente e até decididamente voluntarista para evitar o desastre que se anuncia.

Na França, espíritos generosos explicam, com maior ou menor convicção, que as sucessivas ondas de imigrantes — italianos, poloneses ou refugiados da Guerra da Espanha — precisaram enfrentar preconceitos hostis, até se integrarem plenamente; assim, os imigrantes vindos do mundo muçulmano acabarão tendo um percurso similar. São argumentos elogiáveis, mas de pouco crédito. A verdade é que será difícil para um país da Europa, seja qual for, resolver seus problemas de integração enquanto a atmosfera global estiver caracterizada, como hoje, pela desconfiança e pelo rancor.

O que se passa em cada país depende, em parte, de suas respectivas políticas, mas também, em larga medida, de fatores que não podem ser controlados. Quando um magrebino emigra para a Holanda, chega com certa imagem do país, transmitida por seus parentes que já tinham vindo, mas também com uma imagem global do Ocidente, imagem bem mais ligada à política dos Estados Unidos e à lembrança da colonização francesa do que à história da Holanda propriamente. Essa percepção compreende, às vezes, aspectos positivos — ou não iriam viver ali! — e aspectos negativos, incomparavelmente mais volumosos hoje do que há 30 anos.

Os recém-chegados observam com intensa atenção o comportamento dos anfitriões. Estão o tempo todo em busca de olhares, de gestos, de palavras, do que se cochicha, dos silêncios que confirmam estarem num meio hostil ou depreciativo. É claro, nem todos os imigrantes reagem do mesmo jeito. Há os que se irritam, interpretando de maneira negativa tudo que vem dos "outros", como há os satisfeitos que, pelo contrário, notam unicamente o que lhes parece indicar serem aceitos, ou até estimados e amados. Às vezes são as mesmas pessoas que passam de um sentimento para outro, um sorriso amável ao qual se responde com uma demonstração de gratidão e, no instante seguinte, uma palavra ou um gesto transmitindo hostilidade, desprezo ou simplesmente certa condescendência, e tem-se bruscamente vontade de agredir, de quebrar tudo e também destruir a si mesmo. Porque a própria imagem se torna tão odiosa quanto o espelho que a reflete.

O que torna frágeis as relações entre os imigrantes e a sociedade que os recebe, e frágil também a coexistência, é que a ferida está presente o tempo todo. A pele que se formou na superfície nunca pôde endurecer. Um quase nada reaviva a dor, às vezes um simples arranhão ou até mesmo um carinho desajeitado. No Ocidente, muitas pessoas dão de ombros diante de tão grande suscetibilidade. A colonização, a segregação, o tráfico de escravos, o extermínio dos *bushmen*, dos tainos, dos astecas, a Guerra do Ópio, as Cruzadas, tudo isso está hoje no passado distante — não devemos deixar que os mortos enterrem os seus mortos? Mas o passado não ocupa o mesmo espaço mental em todas as pessoas nem em todas as sociedades humanas.

7

Para que o passado se torne passado, não basta o tempo passar. Para que uma sociedade possa traçar uma fronteira entre o hoje e o ontem, ela precisa ter, desse lado de cá da hipotética fronteira, eventos sobre os quais assentar a dignidade, o autorrespeito, a identidade; ela precisa ter a seu favor invenções científicas recentes, sucessos econômicos conclusivos, realizações culturais admiradas no exterior ou vitórias militares.

As nações do Ocidente não são obrigadas a buscar motivos de orgulho em séculos longínquos. Toda manhã elas têm, estampadas no jornal, as contribuições de seus filhos nas áreas da medicina, das matemáticas ou da astronomia, sem precisar evocar os contemporâneos de Avicena nem o tempo todo relembrar a etimologia de "zero", de "zênite", de "álgebra" ou de "algoritmo". Sua última vitória militar data de 2003, ou de 2001, ou de 1999, sem ser preciso voltar à época de Saladino, de Aníbal ou de Assurbanipal. Por isso, os ocidentais não têm necessidade de eternamente se voltar para o passado. Se o estudam, é para ter uma melhor visão da trajetória percorrida, perceber as tendências, compreender, especular ou extrapolar. Mas não é uma necessidade vital nem uma exigência identitária. Para confortar a autoestima, o presente já lhes basta.

Em sentido inverso, povos para os quais a atualidade se apresenta como uma série de fracassos, de derrotas, de frustrações e de humilhações obrigatoriamente buscam no passado os pretextos para continuar a acreditar em si mesmos. Os árabes se sentem exilados no mundo de hoje, estrangeiros em todo lugar, até mesmo em seus próprios países, apenas um pouco menos do que na diáspora. Sentem-se derrotados, desconsiderados, humilhados. Dizem isso, gritam, lamentam e constantemente se perguntam, de maneira explícita ou implícita, como inverter o movimento da História.

Todos os povos do Oriente passaram, nos últimos séculos, por sentimentos semelhantes. Todos precisaram, vez ou outra, se medir com o Ocidente e todos comprovaram, à própria custa, sua extraordinária energia, sua temível eficácia econômica e militar, assim como seu ímpeto de conquista. Todos o admiraram, temeram, detestaram e combateram, com sortes diversas — os chineses, os indianos, os japoneses, os iranianos, os turcos, os vietnamitas, os afegãos, os coreanos, os indonésios, tanto quanto os árabes. Nenhum desses povos poderia narrar o próprio percurso sem fazer mil referências ao frente a frente várias vezes secular com o Ocidente. Toda a história moderna de um grande país como a China pode se articular em torno de uma questão central: como responder ao formidável desafio colocado pelo homem branco? Que se trate da Revolta dos Boxers, da ascensão de Mao Tsé-tung, do "Grande Salto para a Frente", da Revolução Cultural ou da nova política econômica iniciada por Deng Xiaoping, todas as reviravoltas podem ser interpretadas, em larga medida, como a busca de uma resposta a essa questão, possível, aliás, de ser reformulada nos seguintes termos: para que possamos integrar o mundo moderno, sem perder nossa dignidade, o que devemos preservar do passado e o que devemos rejeitar?

Interrogação que jamais desaparece totalmente da consciência de sociedade humana alguma, mas que não se coloca em todo lugar com a mesma intensidade.

Quando uma nação tem sucesso, o olhar das outras se modifica, influenciando sua percepção de si mesma. Penso, sobretudo, na atitude do restante do mundo com relação ao Japão e, depois, à China. Criticados, temidos, mas respeitados pela capacidade de luta e, sobretudo, admirados por seus milagres econômicos, esses países veem crescer a estima por tudo que tem a ver com sua cultura: suas respectivas línguas, obras de arte, literaturas antigas e modernas, medicinas ancestrais, disciplinas espirituais, tradições culinárias, danças rituais, artes marciais e até suas superstições, tudo encanta. A partir do momento em que um povo adquire a imagem de vencedor, tudo que constitui sua civilização é observado pelo mundo inteiro com interesse e com um *a priori* favorável. Ele próprio pode, a partir de então, se dar ao luxo de minimizar e de ser crítico. Os chineses de hoje muitas vezes se mostram indiferentes com relação ao próprio passado, fingindo achar engraçado e não compreender o espanto dos visitantes ocidentais diante das "coisas velhas" daquela civilização milenar.

Os árabes não se encontram em situação parecida. Como não param de sofrer derrota após derrota, tudo que constitui a sua civilização é visto de cima pelo restante do mundo. A língua é menosprezada, a literatura é pouco lida, a fé religiosa é suspeita, os mestres espirituais por eles venerados são ironizados. Eles mesmos sentem, no fundo da alma, o olhar alheio que acabaram interiorizando e o assumem por conta própria. Em muitos se propaga esse sentimento destruidor que é o ódio por si mesmo. Escrevo "eles" como poderia ter escrito "nós", sentindo-me à mesma distância desses dois pronomes, igualmente próximos e igualmente afastados; e é possível que seja nesse ir e vir que se reflita a tragédia suplementar do meu povo.

Não há a menor necessidade de nos lançarmos numa psicanálise selvagem para constatar que essa atitude patológica suscita impulsos contraditórios. Vontade de atacar um mundo cruel e vontade de aniquilar a si mesmo. Desejo de se desfazer da identidade e desejo de, contra todos, afirmá-la. Perda de

As certezas imaginárias · 247

confiança no passado, que, no entanto, ganha enorme importância, pois representa, para a identidade vilipendiada, uma tábua de salvação, um refúgio, uma terra de asilo.

O passado e também, muitas vezes, a religião. O islã é um santuário para a identidade, assim como para a dignidade. A convicção de possuir a verdadeira fé, com a promessa de um mundo melhor, deixando os ocidentais entregues à perdição, atenua a vergonha e a dor de ser, aqui embaixo, um pária, um perdedor, um eterno derrotado. Talvez seja, hoje, uma das raras áreas, talvez a única, em que a população muçulmana guarde ainda a sensação de ser abençoada, entre todas as nações, a "eleita" pelo Criador, e não a maldita e rejeitada.

Na medida em que a situação dos árabes se deteriora em terra firme, na medida em que seus exércitos são vencidos, seus territórios invadidos, suas populações perseguidas e humilhadas e seus adversários se revelam todo-poderosos e arrogantes, a religião que deram ao mundo se torna o último território em que sobrevive a autoestima. Abandoná-lo seria desistir da principal contribuição que deram à História universal; a desistência, de certo modo, da própria razão de ser.

Com isso, a questão que se coloca às sociedades muçulmanas nessa idade de dor não é tanto a da relação entre religião e política, mas a da relação entre religião e história, entre religião e identidade, entre religião e dignidade. A maneira como se vive a religião em países do islã reflete o impasse histórico em que os seus povos se encontram. Caso consigam sair desse impasse, encontrarão os versículos adequados para a democracia, a modernidade, a laicidade, a coexistência, a primazia do saber, a glorificação da vida; a relação com os textos se tornará menos exageradamente minuciosa, menos suscetível, menos paralisada. Mas seria ilusório esperar uma mudança graças, exclusivamente, a uma releitura. Perdoem-me por repetir mais uma vez: o problema não está nos textos sagrados, nem a solução.

Não há dúvida de que esse impasse histórico do mundo muçulmano é um dos sintomas mais evidentes da regressão para a qual a humanidade inteira se dirige, de olhos vendados. Seria culpa dos árabes, dos muçulmanos e da maneira como eles sentem a religião? Em parte, sim. Não seria, também, dos ocidentais e da maneira como administram, há séculos, suas relações com os outros povos? Em parte, sim. E não houve, nas últimas décadas, uma mais específica responsabilidade dos americanos, assim como dos israelenses? Sem dúvida. Todos esses protagonistas deveriam, radicalmente, mudar de comportamento, se quiserem dar um basta a uma situação que, partindo da ferida aberta que se tornou o Oriente Médio, começa a gangrenar a totalidade do planeta, ameaçando repor em questão todas as conquistas da civilização.

As certezas imaginárias 249

É uma evidência que soa como simplório voto de boa vontade, mas que não deve ser afastada com um dar de ombros. Seria já tarde demais para fixar um compromisso histórico que leve em consideração tanto a tragédia do povo judeu, a tragédia do povo palestino, a tragédia do mundo muçulmano, a tragédia dos cristãos do Oriente e também o impasse em que se meteu o Ocidente?

Mesmo que, neste início de século, o horizonte pareça sombrio, devemos insistir em buscar alguns indícios de solução.

Um que pode se revelar promissor é o de incentivar as diásporas árabe e judia a tomarem elas próprias a iniciativa de uma aproximação saudável, em vez de prolongarem sob os mais diversos firmamentos o confronto extenuante e estéril que debilita o Oriente Médio.

Não é bem mais fácil, hoje em dia, para que um árabe e um judeu se encontrem e serenamente compartilhem a mesma mesa em confraternização, que eles vivam em Paris, em Roma, em Glasgow, em Barcelona, em Chicago, em Estocolmo, em São Paulo ou em Sidney, e não em Beirute, em Argel, em Jerusalém ou em Alexandria? Não seria no vasto mundo, onde as diásporas já coexistem, que judeus e árabes poderiam se sentar lado a lado, voltar a tecer os laços e juntos refletirem outro destino para os povos do Oriente Médio que lhes são queridos?

Já se faz isso, vão me dizer. Com certeza, mas com menos frequência do que se deveria. Desse tema crucial, digo o que já disse de outros: a questão não é a de saber se árabes e judeus já se falam um pouco mais do que antes, se laços se constroem entre algumas pessoas; a questão é a de saber se conseguirão resolver um conflito que não acaba, que envenena a vida e contribui para o desajuste do mundo.

8

O desejo que acabo de exprimir, com relação ao papel das diásporas, se junta, no meu caso, a uma esperança maior e que concerne ao conjunto das populações imigrantes, onde quer que estejam, de onde quer que venham e quaisquer que tenham sido suas trajetórias.

Todas têm fortes laços com dois universos ao mesmo tempo e têm a vocação para o papel de correia de transmissão, de interface, nos dois sentidos. Sendo normal que um imigrante defenda, no país que o recebe, a sensibilidade natural de sua sociedade de origem, seria igualmente normal para ele defender, no país de origem, a sensibilidade adquirida na sociedade que o recebeu.

Comenta-se, às vezes, que, se os imigrantes árabe-muçulmanos da Europa formassem uma nação, ela seria maior do que a maioria das que integram a União, a mais jovem de todas e certamente a que mais rapidamente cresce. Esquece-se de observar que se essa população fosse uma nação do Oriente, seria considerável também pelo número e se posicionaria no alto da escala pelos critérios qualitativos: nível de instrução, espírito de iniciativa, experiência da liberdade, familiaridade ativa com as ferramentas materiais e intelectuais da modernidade, prática cotidiana da coexistência, capacidade de íntimo conhecimento de culturas mais diversas etc. Tudo isso dá a esses imigrantes uma influência em potencial, da qual não dispõe nenhuma outra população do Ocidente nem do Oriente.

Uma influência que deveria ser exercida bem mais do que acontece. Com segurança, com orgulho e "nas duas margens" ao mesmo tempo.

Muito facilmente se esquece que um imigrante é, antes disso, um emigrado. Não se trata de banal nuança de vocabulário, mas, realmente, de uma pessoa dupla e que se vê dessa forma. Pertence a duas sociedades diferentes e não tem a mesma posição em cada uma. Um indivíduo diplomado que, na cidade de exílio, aceita uma situação subalterna pode ser, em seu vilarejo de origem, um personagem de relevo. Um operário marroquino que só se exprime timidamente, de olhos baixos, nos canteiros de obras do Norte, se revela um prolixo contador de histórias, com gestos largos e verbo altivo, quando volta para junto dos seus, podendo, enfim, se exprimir com orgulho em sua língua. A enfermeira queniana, que passa as noites

As certezas imaginárias   253

num hospital de subúrbio e se contenta com uma sopa morna e um pedaço de pão à guisa de refeição é venerada na província natal porque, todo mês, envia o suficiente para alimentar 12 parentes seus.

Exemplos assim podem se estender infinitamente. O que tento dizer é que passamos ao lado do essencial toda vez que deixamos de ver o "emigrado" por trás do "imigrante". E cometemos um erro estratégico maior quando avaliamos o status dos imigrantes em função do lugar que eles ocupam nas sociedades ocidentais, quer dizer, frequentemente na parte mais baixa da escala social, e não em função do papel que têm — e que poderia ser cem vezes maior — em suas sociedades de origem, como vetores da modernização, do progresso social, da libertação intelectual, do desenvolvimento e da reconciliação.

Pois essa influência pode ser exercida, repito, em direções opostas. Pode-se morar na Europa e ter continuamente o pensamento nos conflitos da Argélia, da Bósnia ou do Oriente Médio, como se pode querer transmitir ao Oriente Médio, à Bósnia ou à Argélia a experiência europeia dos últimos 60 anos, a experiência da reconciliação franco-alemã, da construção da União, da queda do Muro, da superação definitiva e milagrosa da era das ditaduras e das expedições coloniais, da era das carnificinas de guerra, dos massacres, dos genocídios, dos ódios seculares, no caminho de uma era de paz, de concórdia, de liberdade e de prosperidade.

O que é preciso para que se produza uma modificação assim nas trocas de influência? Que os imigrantes transmitam às suas sociedades de origem uma mensagem construtiva, e que também possam fazer isso. É uma resposta fácil de se formular, mas de difícil execução, pois exige uma mudança radical em nossa maneira de pensar e em nosso comportamento.

A sim, para que os imigrantes tenham vontade de se tornar apóstolos da experiência europeia, seria preciso associá-los plenamente, sem que estejam às voltas com discriminações, humilhações, paternalismo e condescendência toda vez que apresentam suas feições "características", pronunciam o próprio nome ou deixam transparecer o sotaque da língua materna. Só então eles haverão de espontaneamente se identificar com a sociedade de adoção, sentindo-se convidados a dela participar de corpo e alma.

Mas não basta que um imigrante se identifique com a sociedade que o recebeu; para que ele chegue a influenciar a sociedade de origem, é igualmente preciso que esta continue a reconhecê-lo e a se reconhecer nele. E isso pressupõe que ele possa assumir, plenamente, e tão serenamente quanto possível, essa dupla vinculação. Atualmente, não é o que se passa. Nem na maneira francesa de tratar do assunto nem na britânica, para retomar os dois modelos emblemáticos.

Na França, a ideia que preside ao tratamento da questão dos imigrantes, como antes se fazia com os povos das colônias, é a de que todo ser humano pode se tornar francês e que se deve ajudá-lo nesta direção.

As certezas imaginárias ⊕ **255**

É uma ideia generosa, nascida no século das Luzes e que provavelmente teria mudado a face do mundo se tivesse sido aplicada com honestidade em territórios tão diversos quanto a Indochina, a Argélia ou Madagascar. Uma ideia que permanece respeitável em essência, e até mesmo indispensável, mais do que nunca. A partir do momento em que uma pessoa decide estabelecer domicílio num país que não é o das suas origens, é importante que ouça ser dito que ela própria e seus filhos poderão, um dia, pertencer plenamente à nação que a recebe. Esse aspecto da maneira francesa me parece, por isso, ter valor universal. Eu, em todo caso, prefiro essa mensagem, e não o seu contrário, que dá a entender ao imigrante que ele pode manter sua cultura, seus costumes e que se vai beneficiar da proteção da lei, mas permanecerá fora da nação que o hospeda.

Na prática, porém, nenhuma dessas abordagens parece convir ao nosso século, nenhuma parece capaz de assegurar por muito tempo a coexistência harmoniosa. Pois, apesar das divergências, essas duas políticas partem de um mesmo pressuposto: o de que uma pessoa não pode pertencer plenamente a duas culturas, ao mesmo tempo.

É outro tipo de discurso que o imigrante precisa ouvir neste novo século. Ele precisa que lhe digam, com palavras e com atitudes, através de decisões políticas: "Você pode se tornar um dos nossos, plenamente, sem deixar de ser você mesmo." Significa, por exemplo: "Você tem o direito e o dever de estudar nossa língua, em profundidade. Mas tem também o direito e o dever de não esquecer a sua língua de origem, porque nós, que somos a sua nação de adoção, precisamos ter entre nós pessoas que têm nossos valores, que compreendem nossas preocupações, mas que falem perfeitamente turco, vietnamita, russo, árabe, armênio, suaíli ou híndi, todas as línguas da Europa, da Ásia e da África, todas, sem exceção, para que possamos ser entendidos por todos os povos do planeta. Entre eles e nós, vocês serão, em todas as áreas — cultura, política, comércio —, os insubstituíveis intermediários."

Um imigrante tem sede, antes de tudo, de dignidade. E também, mais precisamente, de dignidade cultural. A religião constitui um elemento disso e é legítimo que os fiéis queiram praticar o culto dentro de um ambiente sereno. Mas, para a identidade cultural, o componente insubstituível é a língua. Muitas vezes é pelo abandono da língua, até mesmo pelo imigrante, que a cultura se torna desconsiderada, até por ele mesmo, e cria-se então a necessidade de exteriorização dos sinais da fé. Tudo o leva a isto — a atmosfera global, a ação dos militantes radicais e também o comportamento dos países anfitriões, onde as autoridades, deixando-se impressionar pelas filiações religiosas dos imigrados, deixam de levar em consideração a sede de reconhecimento cultural.

Algumas vezes inclusive se faz pior, pois essas mesmas autoridades se mostram mais desconfiadas com relação ao pluralismo linguístico, que normalmente seria benéfico, do que com o comunitarismo religioso, que constantemente se revelou, em todas as sociedades plurais, um fator de fanatismo, de tirania e de desintegração.

Propositalmente utilizo, num caso, "comunitarismo", que, para mim, tem conotação negativa, e no outro, "pluralismo", de conotação positiva. Pois há, de fato, entre esses dois fortes fatores identitários que são a religião e a língua, uma diferença de natureza: a filiação religiosa é exclusiva e a linguística, não: todo ser humano tem a vocação para reunir em si várias tradições linguísticas e culturais.

Que o meu *a priori* de desconfiança com relação ao comunitarismo religioso esteja parcialmente ligado às minhas origens, isso eu não nego. Meu Líbano natal é, provavelmente, o exemplo emblemático de um país fraturado pelo "confissionalismo"[1] e não tenho, por isso, a menor simpatia por esse sistema pernicioso. Pode ter sido, em tempos passados, o remédio para um mal, mas se revelou em seguida mais nocivo do que o próprio mal, como uma droga que se dá a um paciente para acalmar suas dores, mas criando nele

---

[1] Organização política do Líbano em que os cargos oficiais e os mandatos eleitorais eram distribuídos entre os adeptos das diferentes religiões. A partir daí, atitude a partir da qual as pessoas se definem mais pela religião a que pertencem do que pela nacionalidade etc. (N.T.)

uma dependência irreversível, que debilita seu corpo e inteligência um pouco mais a cada dia, a ponto de "devolver" centuplicados os sofrimentos que provisoriamente tinham sido evitados.

No tempo da minha juventude, esse tema seria abordado de forma mais reticente, pois o comunitarismo parecia não passar de um curioso resquício levantino. Hoje, o fenômeno é global e, infelizmente, nada tem de mero resquício. O futuro da humanidade inteira pode vir a ter essa odiosa coloração.

Pois uma das consequências mais nefastas da globalização é a de ter globalizado o comunitarismo. O crescimento das filiações religiosas, no momento mesmo em que as comunicações se globalizavam, facilitou o reagrupamento das pessoas em "tribos planetárias" — uma expressão que, mesmo aparentemente contraditória em seus termos, nem por isso deixa de ser um fiel reflexo da realidade. Sobretudo no mundo muçulmano, onde se observa um desencadeamento sem precedentes dos particularismos comunitários — com sua manifestação mais sangrenta no conflito entre sunitas e xiitas do Iraque —, mas onde também se observa uma forma de internacionalismo que faz com que um argelino queira, de bom grado, ir lutar e morrer no Afeganistão, um tunisiano na Bósnia, um egípcio no Paquistão, um jordaniano na Chechênia ou um indonésio na Somália. Esse duplo movimento de fechamento e de abertura não deixa de ser um dos grandes paradoxos da nossa época.

As certezas imaginárias

Uma evolução inquietante e que se explica então, acho eu, pelo efeito combinado dessas reviravoltas maiores que são a falência das ideologias — favorecendo o crescimento das afirmações identitárias e daqueles que as incentivam —, a revolução informática — que permitiu tecer laços sólidos e imediatos para além dos mares, dos desertos, das cadeias de montanhas, para além das fronteiras — e a ruptura do equilíbrio entre os blocos — que colocou com acuidade a questão do poder e de sua legitimidade em nível planetário. Além disso tudo, a emergência de uma superpotência soberana, por muito tempo percebida como a defensora de uma só "tribo", certamente contribuiu para dar às rivalidades estratégicas uma forte conotação identitária.

É à luz de todos esses elementos que murmuro, pensando aflito no Líbano, minha pátria natal: o comunitarismo, afinal, é um beco sem saída e nossos pais jamais deviam ter se enfiado nele! Depois acrescento, no mesmo fôlego, mas dessa vez pensando na França, minha pátria adotiva, e na Europa inteira, que é hoje a pátria de minhas últimas esperanças: não será "comunitarizando" os imigrantes que se vai facilitar a integração e se escapar dos "confrontos" que se anunciam, mas sim restituindo a cada pessoa a dignidade social, a dignidade cultural, a dignidade linguística, encorajando-a a assumir serenamente a dualidade identitária e o papel de traço de união.

9

Eu mais de uma vez critiquei, de passagem, a ideia de um "confronto das civilizações"; talvez devesse me interromper, por um momento, para uma avaliação mais equilibrada, mais justa.

O que cria problema, nessa teoria abundantemente midiatizada, não é o "diagnóstico clínico". Seu prisma de leitura permite efetivamente melhor compreender os acontecimentos que vieram depois da queda do Muro de Berlim. Desde que as identidades assumiram a dianteira sobre as ideologias, as sociedades humanas passaram, muitas vezes, a reagir aos acontecimentos políticos em função das suas filiações religiosas — a Rússia voltou a ser abertamente ortodoxa, a União Europeia se reconhece implicitamente como um agrupamento de nações cristãs, os mesmos apelos ao combate ressoam em todos os países muçulmanos. A partir daí, tornou-se razoável descrever o mundo de hoje se referindo a "áreas de civilização" que se enfrentam.

Os adeptos dessa teoria se perdem, do meu ponto de vista, quando partem da observação do presente para construir uma teoria geral da História. Para nos explicar, por exemplo, que a predominância atual das filiações religiosas é o estado normal da espécie humana, ao qual teríamos enfim voltado após um longo desvio por utopias universalistas, ou que o confronto entre as "áreas de civilização" é a chave que nos permite decifrar o passado e antecipar o futuro.

Toda teoria da História é resultado de sua época: para a compreensão do presente, ela é muito instrutiva; aplicada ao passado, revela-se aproximativa e parcial; projetada no futuro, torna-se casual e às vezes destrutiva.

Ver nos conflitos de hoje um confronto entre seis ou sete grandes "áreas de civilização" — ocidental, ortodoxa, chinesa, muçulmana, indiana, africana, latino-americana — é um enfoque muito estimulante para o espírito, como podem testemunhar os inúmeros debates suscitados. Mas essa chave não nos ajuda muito a compreender os grandes conflitos da História humana, nem mesmo a Primeira e a Segunda Guerras Mundiais, que foram principalmente disputas entre ocidentais e que, sem dúvida, moldaram o espaço em que vivemos, mas também não ajuda a explicar os fenômenos monstruosos que pesam sobre a consciência moral contemporânea, como os totalitarismos de esquerda e de direita ou o Holocausto, sem nem mesmo falar do grande confronto planetário entre capitalismo e comunismo que — da Espanha ao

Sudão, da China à Grécia, ao Chile e até à Indonésia — profundamente dividiu sociedades pertencentes a todas as "áreas de civilização".

De modo mais geral, quando deixamos correr os olhos pelos diversos episódios do passado distante ou próximo, encontram-se, em todas as épocas, acontecimentos que, a exemplo das Cruzadas, parecem efetivamente estar ligados a um confronto entre civilizações, mas encontram-se também muitos outros, igualmente significativos e igualmente mortais, que se desenvolveram no interior da área cultural ocidental, da área árabe-muçulmana, da área africana ou da área chinesa.

Mesmo em nossa época, que parece obedecer, em seu conjunto, ao esquema escolar de um confronto entre as civilizações, um acontecimento como a guerra do Iraque tem manifestamente várias faces: a de um conflito sangrento entre Ocidente e islã, a de um conflito ainda mais sangrento no seio do próprio mundo muçulmano, entre xiitas, sunitas e curdos, a de uma queda de braço entre as potências em torno da questão da hegemonia global etc.

Sendo a História feita de uma infinidade de acontecimentos singulares, ela se acomoda mal com generalizações. Para tentar se situar, é necessário um grande molho de chaves e, apesar de legítima a vontade do pesquisador em acrescentar aquela que ele próprio fabricou, não seria judicioso trocar o molho inteiro

As certezas imaginárias

por uma única chave, uma "chave mestra" com que se imagina ser possível abrir todas as portas.

O século XX abundantemente utilizou a ferramenta proposta por Marx, e sabemos hoje a quais desastres isso levou. A luta de classes não explica tudo e a luta das civilizações também não. Ainda mais porque as próprias palavras são ambíguas e enganadoras. Apesar de existir, em toda pessoa, um sentimento de filiação social que induz certas solidariedades "de classe" e também certas aversões "de classe", os contornos dessa noção são vagos. Na época da Revolução Industrial, era legítimo acreditar que o proletariado nascente tomaria consciência de sua identidade, que ele "funcionaria" como entidade distinta, como "classe" e representaria um papel determinante na História, até o final dos tempos.

Idênticos argumentos podem ser sustentados com relação à nova "chave". Apesar de existir, em toda pessoa, um sentimento de filiação étnica ou religiosa que induz certas solidariedades de "civilização", assim como as aversões que fazem parte disso, os contornos dessa noção são tão vagos quanto os de "classe". Nos dias de hoje, o "espírito da época" nos leva a crer que essas "civilizações" são entidades definidas, cada vez mais conscientes de suas especificidades e que vão representar papel determinante na história dos homens.

Há nisso, é claro, uma parcela de verdade. Quem poderia negar que a civilização ocidental não se confunde com a chinesa, nem com a árabe-muçulmana?

Mas nenhuma é impenetrável, nenhuma é imutável e hoje as fronteiras são ainda mais permeáveis do que no passado.

Há milênios nossas civilizações nascem, desenvolvem-se, transformam-se; elas avizinham-se, opõem-se, imitam-se, diferenciam-se, deixam-se copiar e depois, lenta ou brutalmente, desaparecem ou fundem-se umas nas outras. A civilização de Roma se juntou, um dia, à da Grécia; cada uma manteve sua personalidade, mas igualmente operaram uma síntese original que se tornou um elemento maior da civilização europeia. Depois veio o cristianismo — nascido no seio de outra civilização bem diversa, principalmente judia, com influências egípcias, mesopotâmicas e, de modo mais geral, levantinas —, que se tornou, por sua vez, um constituinte essencial da civilização do Ocidente. Em seguida, vieram da Ásia os povos chamados bárbaros: os francos, os alamanos, os hunos, os vândalos, os godos, todos os germânicos, os altaicos, os eslavos, que se fundiram com os latinos e os celtas, formando as nações da Europa.

A civilização árabe-muçulmana se constituiu da mesma maneira. Quando as tribos árabes, inclusive a dos meus ancestrais, saíram de sua península desértica e rude, elas se filiaram à escola da Pérsia, da Índia, do Egito, de Roma e de Constantinopla. Depois chegaram dos confins da China as tribos turcas, cujos chefes se tornaram nossos sultões e califas, até a época da geração de meu pai, para serem finalmente derrubados por um movimento nacionalista e modernista que

As certezas imaginárias   265

queria solidamente amarrar seu povo à civilização da Europa.

Tudo isso para relembrar uma evidência, ou seja, a de que as nossas civilizações são, desde sempre, amalgamadas, moventes, permeáveis. E, por me espantar que hoje, estando elas mais do que nunca entrelaçadas, venham nos dizer que são irredutíveis umas às outras e destinadas a assim permanecer.

Hoje? Com milhares de executivos chineses sendo formados na Califórnia e com milhares de californianos sonhando em se estabelecer na China? Quando, ao se percorrer o mundo, torna-se necessário um esforço para lembrar onde se acordou pela manhã, se foi em Chicago, em Xangai, em Dubai, em Bergen ou em Kuala Lumpur? E vêm ainda bater na tecla, por causa de alguns comportamentos fora do comum, de que as civilizações permanecerão distintas e o confronto é o que eternamente há de movimentar a História?

Nossas civilizações têm tanta necessidade de tão acintosamente afirmar suas especificidades justamente porque essas especificidades se diluem.

O que assistimos hoje é ao crepúsculo das civilizações distintas, e não ao seu advento nem à apoteose. Elas cumpriram o seu tempo e chegou a hora de transcendê-las, apreender o que trouxeram, estender ao mundo inteiro as vantagens de cada uma e diminuir a capacidade nociva que têm. Para só então, pouco a pouco, se construir uma civilização comum, fundada em dois princípios intangíveis e inseparáveis, que são a universalidade dos valores essenciais e a diversidade das expressões culturais.

Para que não haja nenhum mal-entendido, insisto: para mim, respeitar uma cultura é incentivar o ensino da língua que a sustenta, é facilitar o conhecimento de sua literatura, de suas expressões teatrais, cinematográficas, musicais, pictóricas, arquitetônicas, artesanais, culinárias etc. Pelo contrário, mostrar-se complacente com a tirania, a opressão, a intolerância ou o sistema de castas, com os matrimônios forçados, a excisão, os crimes "de honra" ou a sujeição das mulheres, com a incompetência, a incúria, o nepotismo, a corrupção generalizada, com a xenofobia ou o racismo, a pretexto de virem de uma cultura diferente, isso não é respeito, a meu ver, é desprezo disfarçado, é um comportamento de *apartheid* — mesmo que com as melhores intenções do mundo. Já disse, mas gostaria de repetir, nestas últimas páginas, para que não reste ambiguidade alguma quanto ao que, para mim, é ou não é diversidade cultural.

No que me toca, continuarei a usar tanto no plural quanto no singular essa palavra tão ampla que é "civilização". Parece-me, de fato, perfeitamente legítimo falar às vezes "das" civilizações humanas e, outras vezes, "da" civilização humana. Há as trajetórias específicas das nações, das etnias, das religiões, dos impérios. E há a aventura humana em que estamos todos embarcados, indivíduos e grupos.

As certezas imaginárias ⊕ 267

Apenas acreditando nessa aventura comum podemos dar sentido a nossos itinerários específicos. E apenas acreditando na igual dignidade das culturas nos habilitamos a avaliá-las e até mesmo a julgá-las, em função, justamente, dos valores que se remetem a esse destino comum e que estão acima de todas as nossas civilizações, de todas as nossas tradições, de todas as nossas crenças. Pois nada é mais sagrado do que o respeito pelo ser humano, com a preservação de sua integridade física e moral, a preservação de sua capacidade de pensar e de se exprimir, e também a preservação do planeta que o sustenta.

Se quisermos que essa fascinante aventura prossiga, precisamos superar nossa concepção tribal das civilizações e das religiões, libertando aquelas de seus entraves étnicos e estas do veneno identitário que as desnatura, corrompe e desvia da vocação espiritual e ética.

No presente século, teremos duas visões de futuro a escolher.

A primeira é a de uma humanidade dividida em tribos planetárias que se combatem, que se odeiam, mas que, pelo efeito da globalização, se alimentam, cada dia mais, com a mesma massa cultural indiferenciada.

A segunda é a de uma humanidade consciente de seu destino comum e, por isso, reunida em torno dos mesmos valores essenciais, mas continuando a desenvolver, mais do que nunca, as expressões culturais mais diversas, mais abundantes, preservando todas as suas línguas, tradições artísticas, técnicas, sensibilidade, memória, saber.

De um lado, então, várias "civilizações" que se enfrentam, mas que, culturalmente, se imitam e se uniformizam; de outro, uma só civilização humana, mas se estendendo através de uma infinita diversidade.

Para seguir a primeira dessas duas vias, basta que continuemos preguiçosamente à deriva, ao sabor dos tumultos, como hoje em dia. Escolher a segunda via exige um salto da nossa parte — seremos capazes disso?

10

Neste capítulo, como em outros, balanço incessantemente entre a extrema inquietude e a esperança. Ora imagino que a humanidade sempre há de saber, nos momentos mais sombrios, encontrar em si mesma os recursos para escapar, mesmo que à custa de pesados sacrifícios, e ora digo ser irresponsável constantemente esperar um milagre.

Minha atual convicção é a de que as vias de solução se afunilam, de maneira indiscutível, mas ainda não estão fechadas. Não é então o desespero que se deve pregar, mas a urgência. É esta, inclusive, a razão de ser deste livro, de sua primeira à última página. Dizer que já é tarde, mas não tarde demais. Dizer que seria suicida e criminoso não mobilizar todas as energias para prevenir o desabamento e a regressão. Dizer que ainda se pode agir, que é possível ainda reverter o curso das coisas, mas é preciso, para isso, ter audácia e imaginação, mais do que pusilanimidade, medo, convencionalismo. Que é necessário ousar sacudir as rotinas de pensamento e os hábitos de comportamento, sacudir nossas certezas imaginárias e reconstruir nossa escala de valores.

De todas as ameaças que nos espreitam, a mais perceptível hoje, a mais estudada, a mais bem-documentada é a que resulta do aquecimento climático. Tudo leva a crer que irá provocar, nas próximas décadas, perturbações cataclísmicas de dimensões que não podemos ainda prever a extensão: o nível dos mares pode aumentar em vários metros, engolindo muitas cidades portuárias, assim como zonas litorâneas habitadas por centenas de milhões de pessoas; com o desaparecimento das geleiras e a modificação do regime de chuvas, rios importantes podem secar, condenando regiões inteiras à desertificação. Podemos imaginar as tragédias, os deslocamentos maciços de populações, as lutas mortais que podem resultar de semelhante fenômeno.

Essa evolução não se situa num futuro longínquo e vago. Já sabemos que a existência de nossos filhos e netos será dramaticamente afetada; é provável que as gerações nascidas na segunda metade do século XX ainda tenham tempo, se posso assim dizer, de sofrer na própria pele esses acontecimentos.

Por temperamento, sou um cético. Quando ouço gritos alarmistas, crispo-me, afasto-me e tento verificar, com toda serenidade, se não estou sendo, junto dos meus contemporâneos, vítima de alguma manipulação.

Já aconteceu de muitas vezes nos anunciarem cataclismos apocalípticos que, após alguns meses, desapareceram, graças a Deus, sem deixar traços! Não seria a mesma coisa com o aquecimento global? Já não se previu, há apenas algumas décadas, que o mundo se encaminhava para uma nova era glacial? Vários escritores e cineastas se apropriaram, com maior ou menor felicidade, desse tema.

Tudo isso para dizer que, quando comecei a ouvir avisos sobre não mais a glaciação, mas o aquecimento climático, isso naturalmente despertou minha curiosidade sem, no entanto, afastar o ceticismo.

Com os estudos de especialistas se tornando cada vez mais numerosos, mais convergentes, mais insistentes, procurei me informar melhor.

Sem ter um saber científico digno desse nome, precisei primeiro mergulhar em obras mais elementares para tentar compreender o que diziam. Compreender o que é o "efeito estufa" de que tanto falam, como ele age e por que se torna tão preocupante há alguns anos. Compreender o que significa o aumento da taxa de carbono na atmosfera, a que isso está ligado e quais podem ser as consequências. Compreender também por que se teme o derretimento de geleiras da Groenlândia e da Antártica e por que é menos preocupante o degelo do oceano Ártico — que passou a permitir, pela primeira vez em milênios, a travessia por barco, de uma ponta a outra, nos meses de verão.

AMIN MAALOUF 272 *O Mundo em Desajuste*

Seria preciso confirmar que, no final da investigação, ficou clara para mim a gravidade do fenômeno, que constitui uma ameaça para a civilização humana? De fato, é a convicção íntima a que cheguei, mas meu julgamento, na matéria, digo com toda sinceridade, não tem grande valor. Em questões de ordem científica, a opinião do profano que eu sou não merece ser levada em consideração. Para utilizar um termo que com frequência entra em minhas análises, não tenho, nesse campo, qualquer legitimidade intelectual. Mesmo assim, como alguém que vela pelo bem-estar das pessoas que lhe são queridas, como cidadão responsável que se preocupa com os percalços da aventura humana, e como escritor atento aos debates que agitam seus contemporâneos, não posso me contentar de concluir, sacudindo os ombros, que somente o futuro nos dirá se estamos sendo excessivamente alarmistas ou, pelo contrário, excessivamente incrédulos, excessivamente pusilânimes e que, de um jeito ou de outro, dentro de 30 anos veremos quem tinha razão e quem estava errado.

Esperar pelo que dirá o futuro já significa um risco enorme. Se for verdade que, em 30 anos, os estragos causados pelas perturbações climáticas terão se tornado irreparáveis, se for verdade que o "veículo Terra" terá escapado do controle, funcionando de maneira errática e definitivamente incontrolável, é absurdo, suicida e até criminoso esperar a decisão do futuro.

O que fazer, então? Agir, sem sequer ter a certeza de ser real a ameaça? Agir, mesmo que se descubra, dentro de 30 anos, que as Cassandras estavam enganadas? Minha resposta — paradoxal, concordo — é a de que se deve agir, sim; por mais que restem dúvidas, deve-se agir como se fossem certezas.

Uma atitude que pode parecer pouco razoável. Mas reivindico-a, desta vez, sem a menor hesitação. Não motivado por uma convicção íntima, que já está formada mas engaja apenas a mim. Nem também pelo fato de os cientistas, a esmagadora maioria deles, estarem hoje persuadidos da realidade do aquecimento, persuadidos de suas causas estarem ligadas à atividade humana e persuadidos, ainda, das ameaças mortais que essa evolução faz pairar sobre o futuro do planeta e dos seus habitantes. Esse consenso quase unânime não pode ser menosprezado, sou obrigado a levá-lo em consideração, mas, a meu ver, não constitui ainda o argumento último. Maioria alguma garante a verdade e já aconteceu de cientistas se enganarem.

Mesmo assim, estou convencido de que devemos acreditar neles, nesse capítulo das perturbações climáticas, e agir consequentemente, antes até de termos certeza de que estão certos.

Para explicitar minha posição, vou formular uma aposta que se inspira na que fez o incomparável Blaise Pascal, em outra época e em campo bem diverso. Mas com uma diferença de peso: o resultado da aposta de Pascal só podia se verificar no além, enquanto o da nossa pode se confirmar aqui na Terra e num futuro relativamente próximo, pois a maioria dos que hoje povoam o planeta ainda estará vivendo.

Vou, então, considerar as duas principais atitudes possíveis diante da ameaça do aquecimento global — a reação inadequada e, em seguida, a adequada —, tentando imaginar as consequências de cada uma.

Primeira hipótese: nenhuma desordem grave acontece. Certo número de países se esforça para limitar a emissão dos gases geradores do efeito estufa; outros reagem de maneira mais frouxa, com apenas algumas medidas "cosméticas" para não parecerem os maus alunos da sala de aula; e um terceiro grupo de países nada faz, temendo abalar suas atividades econômicas, ou para não alterar seus hábitos de consumo, mantendo despreocupadamente os mesmos níveis de poluição. Com isso, a taxa de carbono na atmosfera terrestre não para de crescer.

Nessa hipótese, onde vai parar o mundo daqui a 30 anos? Se acreditarmos no que diz a maioria dos cientistas, assim como as Nações Unidas e o conjunto dos organismos internacionais, que o tempo todo dão o sinal de alarme, vamos estar às portas do apocalipse, pois não se poderá mais impedir o "descontrole" da Terra. Sem me estender demais em detalhes, vou me contentar de assinalar dois elementos de apreciação que me parecem particularmente inquietantes.

O primeiro é que o aumento da temperatura do planeta, que é uma consequência do efeito estufa, provoca uma evaporação da água dos oceanos que, por sua vez, acentua o efeito estufa. Ou seja, podemos entrar num círculo vicioso do aquecimento, que não dependeria mais das emissões de gás carbônico ligadas à atividade humana, mas se acelerariam por conta própria, tornando virtualmente impossível interrompê-las. Em que momento corremos o risco de chegar a esse limite do irreversível? As opiniões variam; alguns acham que isso pode acontecer já no primeiro quarto deste século. Certo é que, quanto mais demorarmos a reagir, pior e mais oneroso será o esforço a se fazer.

O segundo elemento, que segue no mesmo sentido, é que as reviravoltas climáticas podem acontecer muito bruscamente, mais do que se imaginava até aqui. A título de exemplo, estima-se hoje que a última passagem de um período glacial para um período temperado, que se deu há mais ou menos 11.500 anos, aconteceu não por lento processo secular ou milenar, mas de maneira abrupta, numa década, não mais do que isso. Aliás, muitos cientistas que, nos últimos anos, se debruçam sobre todos os fenômenos ligados ao clima, estão constantemente surpresos com a rapidez das mudanças, muito além das previsões tidas como plausíveis. Isso para dizer que não se deve imaginar que tudo de que se fala só terá consequências no final deste século ou nos séculos seguintes. Não se sabe estritamente coisa alguma e seria razoável nos prepararmos desde já para as piores eventualidades.

Dentro de 30 anos — mantenho esse número para permanecer num prazo significativo na escala de uma vida humana e que permite ainda à minha geração dizer "nós" —, certamente não teremos ainda assistido a todas as perturbações que se anunciam, mas já teremos visto alguns exemplos devastadores. E, mais grave, será preciso pôr a humanidade inteira em estado de urgência, por dezenas de anos, e impor sacrifícios dolorosos, dificilmente suportáveis, sem sequer a certeza de se poder ainda impedir a descida aos infernos.

E se a opinião da maioria estiver errada? E se o futuro der razão à minoria dissidente, que rejeita essas previsões cataclísmicas, zomba do alarmismo, põe em dúvida a ligação entre as emissões de gás e o aquecimento do planeta, chegando, às vezes, a nem mesmo acreditar na realidade do aquecimento, estimando que passamos por ciclos naturais de temperaturas, que oscilam para baixo, depois para cima, e depois novamente para baixo, por toda uma série de motivos que se remetem bem mais à atividade solar do que à atividade humana?

Uma vez mais, não sou pessoalmente qualificado para rejeitar tais argumentos e quero supor que podem se revelar corretos. Se for este o caso, só podemos nos alegrar. Muitas pessoas vão ter de "engolir o próprio chapéu", com maior ou menor elegância: cientistas, dirigentes políticos, funcionários internacionais e também todos que neles acreditaram e repassaram adiante os seus temores — inclusive eu, se estiver ainda neste mundo.

As certezas imaginárias   🌐   277

E agora, a outra hipótese: a humanidade se mobiliza. Graças a mudanças políticas ocorridas nos Estados Unidos, assistimos a uma verdadeira reviravolta. Medidas draconianas são tomadas para reduzir significativamente o consumo de carburantes fósseis e a emissão de carbono na atmosfera. O aquecimento diminui, o nível dos mares deixa de aumentar, nenhum drama maior ligado às perturbações climáticas acontece.

Nessa perspectiva, imagino um debate, dentro de 30 anos, entre dois cientistas, um pertencendo ao "consenso majoritário" e por isso sustentando que, graças à citada reviravolta, a humanidade escapou de um cataclismo de dimensão planetária que teria comprometido sua sobrevivência; o outro, ligado à "minoria dissidente", ainda a sustentar, teimoso, que o risco tinha sido supervalorizado, se é que não fosse simplesmente quimérico. Muito provavelmente não seria possível conciliá-los. Estando o "doente" ainda vivo, como demonstrar com certeza que ele estava em perigo de morte? Os dois "médicos", debruçados em seu leito, têm tudo para poder debater indefinidamente.

No entanto, em algum momento da discussão, o primeiro cientista poderá dizer ao outro: "Vamos esquecer as brigas antigas e simplesmente perguntar: nosso planeta não se comporta bem melhor, graças à terapia seguida? Continuo pessoalmente a sustentar que ele estava em risco de morte, como você continua a duvidar, mas nossos países não tiveram razão em reduzir o consumo de carburantes fósseis, reduzir a poluição das fábricas e das centrais térmicas?"

E é o fundamento da aposta que formulei sobre o aquecimento climático: se formos incapazes de mudar nossos comportamentos e a ameaça se revelar real, perderemos tudo; se conseguirmos mudar radicalmente nosso comportamento e a ameaça for ilusória, não perderemos absolutamente nada. Pois, pensando bem, as medidas a serem tomadas para enfrentar a ameaça climática são, na verdade, medidas que valem a pena ser tomadas, de qualquer maneira — para diminuir a poluição e os efeitos nefastos que daí resultam para a saúde pública, para reduzir as ameaças de penúria e de perturbações sociais que isso pode provocar, para evitar os conflitos cruentos pelo controle das zonas petrolíferas, das zonas de mineração, assim como dos cursos de água-doce, e para que a humanidade possa continuar a avançar com serenidade.

Por tudo isso, não cabe à maioria dos cientistas demonstrar que a ameaça é real. Cabe, sim, à minoria dissidente demonstrar, e de maneira irrefutável, que o perigo é totalmente ilusório. A exigência de provas se inverte, como dizem os juristas. Apenas se houvesse certeza absoluta da inexistência do perigo mortal é que, moralmente, haveria o direito de baixar a guarda e continuar no mesmo caminho, sem nada mudar em nossos hábitos de vida.

É claro, uma certeza assim está fora de cogitação. A aposta é tão gigantesca que ninguém — nenhum

As certezas imaginárias ⊕ 279

pesquisador, nenhum industrial, nenhum economista, nenhum dirigente político, nenhum intelectual nem ser sensato algum — pode assumir a responsabilidade de afirmar, contra a opinião da grande maioria de cientistas, que o risco ligado às perturbações climáticas não existe e que se deve, simplesmente, ignorá-lo.

Neste capítulo, mais do que em qualquer outro, podemos nos perguntar, aflitos, qual via escolherão os homens: a do salto ou a de deixar que as coisas sigam por conta própria:

A época que vivemos nos dá sinais contraditórios. De um lado, a tomada de consciência é real e o peso dos Estados Unidos, que por tempo demais insistiu no lado ruim da balança, deve agora ir no outro sentido. No entanto, o salto esperado exige um nível de solidariedade e até de profunda cumplicidade, entre as diversas nações, dificilmente exequível. E exige sacrifícios. Estariam os países do Norte dispostos a mudar seu modo de vida? E os países emergentes, sobretudo a China e a Índia, estarão dispostos a pôr em risco a decolagem econômica, na primeira oportunidade que têm, nos últimos séculos, para sair do subdesenvolvimento? Tudo isso pressupõe, no mínimo, uma ampla ação global, pilotada coletivamente, em que todos tenham a sua cota e ninguém se sinta lesado.

Quero acreditar que essa disposição é possível, mas não consigo superar com facilidade minhas preocupações quando deixo meu olhar percorrer o nosso mundo. Um mundo caracterizado por grave dessimetria nas relações internacionais. Um mundo preso ao tribalismo identitário e ao egoísmo sagrado, e no qual a credibilidade moral ainda é um bem raro. Um mundo em que as grandes crises em geral levam as nações, os grupos sociais, as empresas e os indivíduos a protegerem ferozmente os próprios interesses, mais do que a dar demonstrações de solidariedade ou de generosidade.

EPÍLOGO

Uma Pré-História longa demais

1

O que transcorre sob os nossos olhos neste início de século não é uma turbulência ordinária. Para o mundo globalizado oriundo dos escombros da Guerra Fria, talvez seja a turbulência fundadora, que veio sacudir nossas consciências e inteligências para que, enfim, saiamos de uma pré-história longa demais. Mas pode também se revelar destruidora, desintegradora e ser o prelúdio de uma difícil regressão.

Todas essas populações, diferentes pela religião, pela cor, pela língua, pela história, pelas tradições e que a evolução obriga a permanentemente se relacionar, poderão viver juntas, de maneira pacífica e harmoniosa? A questão se coloca em cada país, em cada cidade, assim como em nível planetário. E a resposta, ainda hoje, é incerta. Quer se trate de regiões onde há séculos coexistem comunidades diferentes, ou outras que há algumas décadas recebem grupos importantes de imigrantes, fica claro que a desconfiança e a incompreensão campeiam, a ponto de comprometer todas as políticas de integração ou até de simples coabitação. Quantas eleições, quantos debates estão hoje presos a esse tema espinhoso, que abre a porta para tensões identitárias e derivas xenofóbicas! Sobretudo na Europa, onde se veem algumas das mais tolerantes sociedades se irritarem, ficarem amargas e se enrijecerem. Mas, ao mesmo tempo, assiste-se a reviravoltas surpreendentes na percepção do outro, que têm a ver com percursos invisíveis no espírito dos nossos contemporâneos — e o exemplo mais revelador e mais espetacular disso foi a eleição de Barack Obama.

Esse debate global sobre a coexistência não vai mais nos deixar. Violento ou atenuado, aberto ou implícito, vai nos acompanhar ao longo deste século e dos séculos que virão. Nosso planeta é uma tessitura estreita de populações diferentes, todas conscientes de suas identidades, conscientes da maneira como são vistas, conscientes dos direitos a serem conquistados ou preservados, convencidas da necessidade que têm do outro e também da necessidade de se proteger dele. Não se deve esperar que as tensões entre elas se atenuem por simples efeito do tempo que passa. Já não se viram algumas populações se relacionarem durante séculos, sem jamais chegarem ao mútuo respeito nem à coexistência harmoniosa? Superar os preconceitos e as repulsas não está inscrito na natureza humana. Aceitar o outro não é mais nem menos natural do que rejeitá-lo. Reconciliar, reunir, adotar, amansar, pacificar são gestos da vontade, gestos de civilização que exigem lucidez e perseverança, gestos que se adquirem, que se ensinam, que se cultivam. Ensinar os homens a viver juntos é uma longa batalha que nunca pode ser considerada completamente ganha. Exige uma reflexão serena, uma pedagogia habilidosa, uma legislação apropriada e instituições adequadas. Por ter vivido no Levante, antes de emigrar para a Europa, pude frequentemente observar a diferença que faz, para uma sociedade humana, uma batalha assim ser empreendida com determinação e sutileza, ou quando é negligenciada e conduzida de forma displicente e de maneira incoerente.

Hoje em dia, essa batalha precisa ser travada em escala da humanidade inteira, como também no seio de cada população. Manifestamente, isso não acontece ainda, não o suficiente. Constantemente falamos de "aldeia global" e é verdade que, graças aos progressos realizados no campo das comunicações, o planeta se tornou um mesmo espaço econômico, um mesmo espaço político, um mesmo espaço midiático. Mas os ódios recíprocos apenas se tornaram mais patentes.

O rompimento entre o Ocidente e o mundo árabe-muçulmano, em particular, não parou de se acentuar no decorrer dos últimos anos, a ponto de agora parecer dificilmente reparável. Estou entre aqueles que, diariamente, se desolam com isso, mas muitos se acomodam

AMIN MAALOUF 286 *O Mundo em Desajuste*

e, às vezes, até mesmo se alegram, sem medir o imenso potencial de violência que um confronto assim nos reserva, ameaçando singularmente a todos. Tivemos exemplos disso com os atentados mortais que marcaram os últimos anos. Os do 11 de Setembro de 2001 já se inscreveram como marca monstruosa da história do novo século. Atos de inspiração similar aconteceram em todos os continentes, de Nairóbi a Madri e de Bali a Londres, passando por Djerba, Argel, Casablanca, Beirute, Amã, Taba, Jerusalém, Istambul, Beslan e Mumbai, sem nem falar de Bagdá.

É verdade que esses atentados, por mais violentos, não fazem pairar sobre o mundo uma ameaça de aniquilamento, como era o caso dos arsenais termonucleares soviéticos e americanos do tempo da Guerra Fria. Mas podem se tornar extremamente mortais, sobretudo se incluírem, amanhã, as armas ditas "não convencionais" — químicas, biológicas, atômicas ou outras. Além disso, as perturbações sociais, políticas e econômicas consequentes seriam devastadoras.

Mas prefiro supor que um novo atentado maior pode ser evitado — coisa que, felizmente, continua plausível. Nos países mais ameaçados, as autoridades reagem com firmeza e eficácia, para não serem mais pegas desprevenidas, esforçando-se para detectar e prevenir o menor risco. Seria irresponsável criticá-las por isso. No entanto, é óbvio que uma sociedade que passa pela permanente necessidade de se proteger de inimigos inescrupulosos inelutavelmente se afasta

Uma Pré-História longa demais

do restrito respeito por leis e princípios. Com isso, a persistência da ameaça terrorista não tem como não perturbar, no longo prazo, o funcionamento das democracias.

Um dia, vamos nos lembrar desses anos malditos como aqueles em que, no metrô de Londres, a polícia mais civilizada do mundo pregou no chão um jovem passageiro brasileiro, perfeitamente inocente, mas de pele amorenada, antes de sumariamente executá-lo com sete tiros na cabeça.

O confronto das civilizações não é um debate sobre os respectivos méritos de Erasmo e de Avicena, do álcool e do véu, ou dos textos sagrados; é uma deriva global em direção à xenofobia, à discriminação, às humilhações étnicas e aos massacres mútuos, isto é, na direção da erosão de tudo aquilo que constitui a dignidade moral da nossa civilização humana.

Quando reina uma atmosfera assim, mesmo os que estão convencidos de lutar contra a barbárie acabam se enredando nela, por sua vez. A violência terrorista implica violência antiterrorista, que alimenta o ressentimento, facilita a tarefa dos recrutadores fanáticos e prepara futuros atentados. Determinada população é vista com suspeita porque coloca bombas, ou será que coloca bombas porque é vista com suspeita? É a eterna história do ovo e da galinha e para nada mais serve procurar a boa resposta: ela não existe. Cada um traz as respostas ditadas por seus medos, seus preconceitos, suas origens, suas feridas. É preciso poder quebrar o círculo vicioso, mas, a partir do momento em que a engrenagem dispara, é difícil não pisar forte o acelerador.

Como, nesse contexto, não temer uma regressão? Se a atual hostilidade entre as diversas "tribos" planetárias persistir e se os desajustes de todo tipo tiverem prosseguimento, o mundo vai passar, no decorrer deste século, por um desgaste da democracia, do Estado de direito e de todas as normas sociais.

No que me toca, nego-me a considerar essa deriva inelutável, mas é evidente a necessidade de se empregarem todas as reservas de engenhosidade, de perspicácia e de determinação para que reste alguma possibilidade de evitá-la.

2

Desde que comecei este trabalho, uma imagem ale-górica me persegue, a de um grupo de alpinistas esca-lando um penhasco, mas que, por um motivo qualquer, começam a perder o controle de onde pisam. Tento com-preender por que essas pessoas correm o risco de "cair" e como poderiam voltar a "colar" no paredão rochoso e voltar a subir, sem perder muito tempo imaginando o que pode acontecer se caírem no precipício.

Falo como de um acidente de alpinismo, e é mais ou menos como me sinto ao meditar sobre o andar do mundo. Não ignoro que, em História, "acidente" muitas vezes é uma noção enganadora. Mesmo assim, não quero inteiramente desistir. Apesar do que dizem os moralistas de hoje e de ontem, a humanidade não merece o castigo que as próximas décadas podem lhe infligir. Nem por isso julgo-a inocente, ou que tenha tido má sorte, dada a incerteza do destino. Estou, contudo, persuadido de que isso por que passamos é resultado não de fracassos e de erros, mas sim de conquistas bem-sucedidas, e de tudo aquilo que cumprimos, com nossas legítimas ambições, nossa igualmente legítima liberdade e com o incomparável gênio da nossa espécie.

Apesar de irritado e preocupado, continuo fascinado pela aventura humana. Aprecio-a enormemente, com veneração, e por nada no mundo trocaria nossa vida pela dos anjos ou a dos bichos. Somos filhos de Prometeu, depositários e continuadores da Criação, damos continuidade à remodelagem do Universo e, se houver acima das nossas cabeças um Criador supremo, merecemos o Seu orgulho, tanto quanto a Sua cólera.

Não estaríamos, justamente, pagando o preço da temeridade prometeica e da louca corrida para o topo? Provavelmente, mas não temos por que nos arrepender, nem por nossas invenções, inclusive as mais insensatas, nem pelas liberdades conquistadas. E se chegou o momento de nos perguntarmos, bem mais seriamente do que no passado, e com maior urgência: "Onde estamos indo desse jeito?", não deve ser com o tom da contrição nem do demérito, tampouco para subentender "Estamos indo rápido demais!", "Estamos nos afastando do caminho!", "Não percamos as referências!", mas sim com um autêntico ponto de interrogação.

Os argumentos mais passadistas ressoam com força no século atual; pode ser a hora da revanche para todos que, desde sempre, detestam a libertação do homem e, mais ainda, a da mulher, para aqueles

Uma Pré-História longa demais 291

que duvidam da ciência, da arte, da literatura e da filosofia, para os que gostariam de pôr nossas multidões desorientadas, como um rebanho obediente, no caminho do curral tranquilizador das tiranias morais seculares. No entanto, mesmo que haja falta de rumo, não é com relação à trilha traçada por nossos pais, é com relação àquela que deveríamos, nós mesmos, traçar para nossos filhos, trilha que geração alguma antes da nossa teve a possibilidade de entrever e da qual, aliás, não tinha também a necessidade vital.

Insisto em sublinhar isto neste epílogo, como fiz logo nas primeiras páginas, porque a reação às turbulências de nossa época pode obedecer às mais diversas tentações. Distinguirei três delas, que chamarei, para manter a metáfora dos alpinistas: a tentação do precipício, a tentação do paredão e a tentação do topo.

A "tentação do precipício" é característica da nossa época. Diariamente pessoas saltam no vazio, sonhando carregar na queda todos que estão na sua mesma corda — um fenômeno sem verdadeiro precedente na História. Tais indivíduos, por mais numerosos que sejam, representam apenas a mecha incandescente de um gigantesco barril de desesperança. Centenas de milhões dos nossos contemporâneos, no mundo muçulmano e além dele, sentem essa mesma tentação, à qual a esmagadora maioria evita, felizmente, de sucumbir.

Nem é tanto a agressão da pobreza que causa esse desconsolo, mas sim a da humilhação e da insignificância, a sensação de não ter um lugar no mundo em que vivem, de nele constarem como perdedores, oprimidos, excluídos; daí a sonharem estragar a festa para a qual não foram convidados.

A "tentação do paredão" é bem menos característica da nossa época, mas adquiriu um novo significado. O que assim estou chamando é a atitude que consiste em se plantar firmemente, se abrigar, se proteger, esperando que a tempestade passe. Em outras circunstâncias, seria a posição mais prudente. O drama da nossa geração e das que virão é que a presente tempestade não passará. O vento da História vai continuar a soprar, cada vez mais forte, cada vez mais rápido e nada nem ninguém poderá fazê-lo diminuir o ritmo.

Não citarei os que adotam essa atitude como uma fração da humanidade, uma vez que essa tentação está presente em todos nós. É difícil para nós admitir que o mundo deva ser inteiramente repensado, que o caminho do futuro deva ser desenhado por nossas próprias mãos. Difícil admitir, por exemplo, que nossos comportamentos ordinários, tranquilos, anódinos possam provocar um cataclismo climático maior e, desse modo, se revelar tão suicida quanto se lançar no vazio. Difícil admitir que nossas ligações identitárias imemoriais possam comprometer o avanço da espécie humana. Então procuramos nos persuadir de não haver nada de realmente novo sob o céu e continuamos a nos agarrar a nossas referências habituais, a nossas filiações hereditárias, a nossas disputas recorrentes, assim como às nossas frágeis certezas.

Uma Pré-história longa demais   **293**

A "tentação do topo" se fundamenta, justamente, na ideia inversa, aquela de que a humanidade chegou, em sua evolução, a uma fase dramaticamente nova, em que os velhos receituários não servem mais. Não é o fim da História, como prematuramente se proclamou por ocasião da queda do comunismo, mas é provavelmente o crepúsculo de certa História e é também — atrevo-me a acreditar, atrevo-me a esperar — a alvorada de outra História.

O que já cumpriu o seu tempo e agora deve ser encerrada é a História tribal da humanidade, a História das lutas entre nações, entre Estados, entre comunidades étnicas ou religiosas, como também entre "civilizações". O que, sob os nossos olhos, chega ao fim é a Pré-história dos homens. Sim, uma Pré-história longa demais, constituída por todas as nossas crispações identitárias, todos os nossos etnocentrismos que cegam, nossos egoísmos ditos "sagrados", sejam eles patrióticos, comunitários, culturais, ideológicos ou de qualquer outro tipo.

Não se trata aqui de fazer qualquer julgamento ético com relação a esses mecanismos imemoriais da História, mas sim de constatar que as novas realidades impõem que o mais rapidamente possível os abandonemos. Para dar início a uma etapa completamente diversa da aventura humana, uma etapa em que deixemos de lutar contra o Outro — a nação adversa, a civilização adversa, a comunidade adversa — para enfrentar inimigos bem mais consideráveis, bem mais temíveis e que ameaçam a humanidade em seu conjunto.

Se deixarmos de lado os hábitos debilitantes adquiridos ao longo dessa "Pré-história", vamos facilmente constatar que os únicos combates que realmente merecem ser assumidos por nossa espécie nos próximos séculos são os combates científicos e éticos. Vencer todas as doenças, atrasar o processo de envelhecimento, retardar por várias décadas a morte natural e talvez até, um dia, por vários séculos, libertar os homens da necessidade e também da ignorância, trazer para eles, graças às artes, aos saberes, graças à cultura, a riqueza interior que lhes permita "preencher" essas vidas que se prolongam, investir com paciência no vasto Universo, mas cuidando de não comprometer a sobrevivência do chão que pisamos — são estas as exclusivas conquistas que devem mobilizar as energias dos nossos filhos e dos seus descendentes. Acho tudo isso, no que me concerne, infinitamente mais empolgante do que todas as guerras patrióticas e tão estimulante, espiritualmente, quanto as experiências místicas. É na direção dessas ambições que devemos nos orientar, daqui para a frente.

Um anseio piegas, podem achar. No entanto, não, é uma exigência de sobrevivência e, por isso, a única opção realista. Tendo chegado a esse estágio avançado de sua evolução, caracterizado por tão alto grau de integração global, a humanidade só pode mesmo implodir ou se metamorfosear.

3

O "estágio de evolução" a que acabo de me referir não é uma noção abstrata. Nunca antes a humanidade teve tanta necessidade de solidariedade efetiva e de ações conjugadas para enfrentar os numerosos perigos à espreita, perigos gigantescos, originados nos avanços da ciência, da tecnologia, da demografia, assim como da economia, que ameaçam aniquilar, no decorrer do século que se inicia, tudo que há milênios se vem construindo. Penso na proliferação das armas atômicas e de alguns outros instrumentos de morte. Penso no esgotamento dos recursos naturais e na volta das grandes pandemias. Sem esquecer, evidentemente, das perturbações climáticas, talvez o mais grave perigo que a humanidade já precisou enfrentar, desde a origem das primeiríssimas civilizações.

Mas todas essas ameaças podem também constituir para nós uma oportunidade se fizerem com que, finalmente, abramos os olhos para compreender a dimensão dos desafios que temos pela frente e o risco mortal implicado na não modificação dos nossos comportamentos, se não tentarmos nos alçar mental e, sobretudo, moralmente ao nível exigido, justamente, pelo estágio de evolução que atingimos.

Eu estaria mentindo se dissesse que confio inteiramente em nosso instinto coletivo de sobrevivência. Mesmo que semelhante instinto exista para os indivíduos, ele permanece hipotético no tocante às espécies. Pelo menos estamos, se considerarmos as diversas crises que nos afetam no próprio corpo, na "obrigação de nos decidirmos", se posso assim dizer. O presente século será para o homem o século da regressão ou será o século do salto e de uma saudável metamorfose. Se fosse preciso um "estado de urgência" para nos sacudir, para mobilizar o que de melhor temos em nós, pronto, já estaríamos nele.

No que me concerne, mantenho uma expectativa preocupada, mas vejo também bons motivos de esperança. Não são todos da mesma natureza nem agem pelos mesmos meios, mas, considerados em conjunto, permitem imaginar o futuro de forma diferente.

O primeiro desses motivos é que, apesar das tensões, das crises, dos conflitos e das reviravoltas, o progresso científico continua e se acelera. Pode parecer incongruente mencionar, entre os sinais positivos de hoje, uma tendência histórica já observada há várias gerações. Se mesmo assim a menciono, é porque essa constância da ciência com certeza pode nos ajudar a

Uma Pré-História longa demais 297

superar as turbulências deste século. Não chego a ponto de dizer que o progresso científico é o antídoto contra a regressão, mas é certamente um dos ingredientes desse antídoto. Sob a condição, evidentemente, de que façamos bom uso dele.

A título de exemplo, pode-se razoavelmente supor que os cientistas nos vão dar, nas próximas décadas, todo um aparato de "tecnologias limpas" que nos permitam limitar as emissões de carbono na atmosfera, para que escapemos do círculo vicioso do aquecimento. Não se deve, entretanto, achar que podemos simplesmente "passar para eles" o problema, mantendo nossos hábitos atuais, com a consciência tranquila. As perturbações climáticas que podem afetar o planeta na primeira metade deste século, nossos cientistas certamente não terão tempo de evitar. Será preciso, de início, que consigamos atravessar essa difícil etapa "com os meios disponíveis"; apenas depois disso a ciência terá condições de nos apresentar soluções a longo prazo.

Minha confiança nisso é, ao mesmo tempo, ilimitada e restrita. Às questões que são da sua alçada, creio que a ciência é capaz de pouco a pouco nos dar todas as respostas, propondo-nos, então, todos os meios de realização para os nossos mais extremados sonhos. O que, simultaneamente, é estimulante e assustador. Pois há de tudo nos sonhos das pessoas, tanto o melhor quanto o pior, não sendo possível deixar à ciência a responsabilidade da triagem. A ciência é moralmente neutra, pode estar a serviço tanto da

AMIN MAALOUF **298** *O Mundo em Desajuste*

sabedoria quanto da loucura dos homens. Amanhã e hoje, assim como já aconteceu ontem, ela corre o risco de ser desvirtuada, desviada a favor da tirania, da avidez e do arcaísmo.

Meu segundo motivo de esperança também não está ao abrigo das inquietudes. Já o mencionei: é o fato de as mais populosas nações do planeta estarem decididamente saindo do subdesenvolvimento. É possível que se assista, nos próximos anos, a uma diminuição de ritmo, a tumultos graves e até mesmo a conflitos armados. Mas, por outro lado, sabemos agora que o subdesenvolvimento não é uma fatalidade, que a erradicação de pragas milenares, como a pobreza, a fome, as endemias e o analfabetismo, não pode mais ser considerada um sonho ingênuo. O que se tornou factível para três ou quatro bilhões de pessoas pode ser factível para seis, sete ou oito bilhões, em poucas décadas.

Precisamos compreender que, do ponto de vista de uma humanidade solidária, aberta para o futuro, esta é uma etapa maior.

Meu terceiro motivo de esperança se baseia na experiência da Europa contemporânea, pois ela representa, a meu ver, o início do que concretamente poderia significar esse "fim da Pré-história" pelo qual faço votos: pouco a pouco, deixar para trás os ódios acumulados, as disputas territoriais, as rivalidades seculares; deixar que as filhas e filhos daqueles que se entremataram se tomem pelas mãos e concebam juntos o futuro; preocupar-se com a organização de uma vida comum, para seis nações, depois para nove, 12 ou 15, em seguida para cerca de 30; transcender a diversidade das culturas sem jamais pensar em aboli-la; para que nasça, um dia, a partir das várias pátrias étnicas, uma pátria ética.

Em todo o decorrer da História, toda vez que uma voz se ergueu para dizer que as diferentes nações do planeta deviam reconciliar-se, reaproximar-se, administrar solidariamente o espaço comum, pensar juntas o futuro, era inevitavelmente tachada de ingenuidade por ter ousado defender tais utopias. A União Europeia nos oferece, exatamente, o exemplo de uma utopia que se realiza. Constitui, por isso, uma experiência pioneira, uma prefiguração plausível do que pode, amanhã, vir a ser a humanidade reconciliada, e a prova de que as visões mais ambiciosas não são obrigatoriamente ingênuas.

Dito isso, o projeto não deixa de apresentar falhas. Todos os membros participantes exprimem dúvidas ocasionais. Eu próprio sou acometido por impaciências na sua execução. Gostaria que a Europa desse o exemplo de coexistência, tanto entre os povos fundadores quanto com relação aos imigrantes que recebe; gostaria que se preocupasse bem mais com a dimensão cultural, que organizasse bem melhor a diversidade linguística; gostaria que resistisse à tentação de ser um "clube" de nações cristãs, brancas e ricas, ousando se ver como um modelo para a totalidade dos homens; e gostaria também que ousasse construir, no plano institucional, uma única entidade democrática, um equivalente europeu dos Estados Unidos da América, com Estados dotados de maior especificidade cultural, preocupados em defendê-la e promovê-la, mas com dirigentes federais eleitos no mesmo dia, no conjunto do continente e cuja autoridade fosse reconhecida por todos; sim, preocupam-me as vaidades que percebo e algumas miopias morais.

Mas essas reservas que formulo em nada diminuem a fé que tenho no valor exemplar do "laboratório" que a construção europeia representa nessa etapa crucial em que se encontra a humanidade.

Um quarto fator de esperança é aquele que teve início no Novo Mundo, desde o começo do surpreendente ano de 2008: a subida ao poder de Barack Obama, tanto quanto símbolo como quanto pessoa; a volta de uma América esquecida, a de Abraham Lincoln, de Thomas Jefferson e de Benjamin Franklin; em outras palavras, o despertar brusco de uma grande nação, consecutivo à sua crise econômica e a seus atoleiros militares.

Em resposta à única outra crise de dimensão comparável, aquela que teve início em 1929, o presidente Franklin D. Roosevelt lançou o New Deal e é, efetivamente, de um Novo Acordo que os Estados Unidos e o mundo, em seu conjunto, atualmente precisam. Mas que deverá ser ainda mais amplo, bem mais ambicioso do que o dos anos 1930. Dessa vez, não se trata apenar de relançar a economia e refazer o brilho de certas preocupações sociais; trata-se de construir uma nova realidade global, novas relações entre as nações, um novo modo de funcionamento do planeta, que acabe com os desajustes estratégicos, financeiros, éticos e climáticos. E para que a superpotência possa se encarregar dessa gigantesca tarefa, ela precisa, antes de tudo, como atitude prévia, recuperar a legitimidade de sua representação planetária.

Tive a oportunidade de dizer que um povo se identifica com os dirigentes que assumem seu combate. Direi o mesmo no plano global. Para que as diversas nações aceitem a primazia de uma delas, é preciso que estejam convencidas de que essa primazia é exercida para seu bem, e não à sua custa.

É claro, os Estados Unidos sempre terão adversários, rivais e até mesmo inimigos irredutíveis que os combaterão ainda mais ferozmente se virem o mundo, por vontade própria, se juntar à sua volta. Mas a maioria dos povos e dos dirigentes da Europa, da África, da Ásia e da América Latina os avaliará por seus atos. Se agirem com sutileza e equidade no cenário internacional, se obrigarem a si mesmos a consultar de modo respeitoso as demais nações e não lhes dirigir imposições, se colocarem como ponto de honra a aplicação a si mesmos do que exigem dos outros, se claramente se desvincularem das práticas imorais que tantas vezes mancharam seu comportamento através do mundo e se assumirem a frente da mobilização global contra a crise econômica, contra o aquecimento climático, contra as epidemias, contra as doenças endêmicas, contra a pobreza, contra as injustiças, contra todas as discriminações, nesse caso seu papel de primeira potência será aceito e aplaudido. Inclusive o uso da força militar, não se tornando um modo normal de funcionamento, permanecendo excepcional e obedecendo a princípios identificáveis, sem trazer junto todo um rosário de "desmandos" sangrentos, não implicará as mesmas reações de rejeição.

Mais do que nunca o mundo precisa da América, mas de uma América reconciliada com o mundo e consigo mesma, uma América que exerça o seu papel planetário com respeito pelos outros e por seus valores próprios — com integridade, equidade, generosidade e, inclusive acrescento, com elegância e graça.

Citei alguns fatores que permitem manter a esperança. Mas a tarefa a ser cumprida é titânica e não pode ser confiada a um único dirigente, por mais lúcido e persuasivo que seja, nem a uma única nação, por mais poderosa, tampouco a um único continente.

Pois não se trata apenas do estabelecimento de um novo modo de funcionamento econômico e financeiro, um novo sistema de relações internacionais nem simplesmente de corrigir alguns desajustes patentes. Trata-se também de se conceber sem demora, e de estabelecê-la nos espíritos, uma visão completamente diferente da política, da economia, do trabalho, do consumo, da ciência, da tecnologia, do progresso, da identidade, da cultura, da religião, da História; uma visão finalmente adulta do que somos, do que são os outros e do destino do planeta que é comum a todos. Resumindo, precisamos "inventar" uma concepção do mundo que não seja apenas a tradução moderna dos nossos preconceitos ancestrais e nos permita conjurar a regressão que se anuncia.

Nós todos, que vivemos neste estranho início de século, temos o dever — e, mais do que todas as gerações anteriores, os meios — de contribuir com essa tarefa de salvamento; com sabedoria, com lucidez, mas igualmente com paixão e, às vezes, até mesmo com raiva.

Isso mesmo, com a ardente cólera dos justos.

NOTA

Os temas que abordei foram, evidentemente, tratados por diversos autores. Li alguns deles nos últimos anos e lerei outros, já terminado este livro. Pareceu-me então apropriado, em vez de incluir minhas referências, notas e sugestões de leitura neste volume impresso, colocá-las on-line, no site de minha editora, para que a bibliografia seja constantemente atualizada e acrescida de documentos, relatórios, conferências e artigos citados in extenso.

Nesta nota gostaria apenas de agradecer a todas aquelas e a todos aqueles que disponibilizaram a seus leitores, entre os quais me incluo, os frutos de suas pesquisas e reflexões, fossem as opiniões próximas ou distantes das minhas. Devo muito a eles, mesmo sendo difícil detalhar o que cada uma dessas fontes trouxe e mesmo assumindo a inteira responsabilidade quanto às minhas formulações e conclusões.

A.M.

www.bibliographiemaalouf.com